PRESS

C. A. PRESS

JENNI RIVERA
LA INCREÍBLE VIDA DE UNA MARIPOSA GUERRERA

Novelista, pianista y periodista, Leila Cobo es la Directora Ejecutiva de Contenido Latino y Programación de la revista *Billboard*, considerada la "Biblia" de la música a nivel mundial. Bajo su mando, *Billboard* ha ampliado la cobertura de la música latina a niveles sin precedentes, convirtiéndose en el único medio en inglés que cubre la música latina diariamente. Leila también programa y ha consolidado la Conferencia Billboard de la Música Latina, considerada la más prestigiosa de la industria de la música latina en los Estados Unidos.

Oriunda de Cali, Colombia, Leila obtuvo la prestigiosa beca Fulbright para realizar estudios de postgrado en Comunicación en USC (University of Southern California) después de graduarse de pianista concertista del Manhattan School of Music en Nueva York. Fue crítica de música pop del *Miami Herald* y escribió sobre cultura para el *Los Angeles Times*. Leila ha escrito las notas de álbumes para artistas tan importantes como Shakira, Ricky Martin, Julio Iglesias y Chayanne y, como experta en música, ha sido invitada a juzgar múltiples concursos, incluyendo el Festival de la Canción de Viña del Mar, en Chile, y Objetivo Fama Internacional, en México.

Actualmente, aparte de su cargo en *Billboard*, es la conductora y productora ejecutiva del programa televisivo *Estudio Billboard*, donde ha entrevistado a los más grandes artistas de la música latina, incluyendo a Maná, Juan Luis Guerra, Jenni Rivera y Gloria Estefan, entre otros.

Leila es una de las autoras de la *Enciclopedia Ilustrada de*

Música de Billboard y una de las invitadas al libro de ensayos *Quinceañera*, publicado por HarperCollins. Como autora de ficción, publicó su primera novela, *Tell Me Something True*, en octubre de 2009 y en 2012 publicó su segunda novela, *The Second Time We Met*.

En 2008, la revista *Ocean Drive* en español la nombró uno de los personajes más poderosos de Miami. También ganó el Premio Orquídea, que honra a los colombianos en el exterior, por su trabajo periodístico. Leila es considerada una de las líderes de opinión de la música latina y es un referente constante para la prensa especializada. Actualmente vive en Miami, Florida. Para mayor información, por favor visita su página:

www.leilacobo.com

JENNI RIVERA

LA INCREÍBLE VIDA DE UNA MARIPOSA GUERRERA

Leila Cobo

C. A. PRESS
Penguin Group (USA)

C. A. PRESS

Published by the Penguin Group
Penguin Group (USA) Inc., 375 Hudson Street,
New York, New York 10014, USA

USA | Canada | UK | Ireland | Australia | New Zealand | India | South Africa | China
Penguin Books Ltd, Registered Offices: 80 Strand, London WC2R 0RL, England
For more information about the Penguin Group visit penguin.com

First published by C. A. Press, a member of Penguin Group (USA) Inc., 2013

Copyright © Leila Cobo, 2013

ISBN 978-0-14-751030-3

Printed in the United States of America
10 9 8 7 6 5 4 3 2 1

ALWAYS LEARNING   PEARSON

A la memoria de Jenni Rivera y a todas las
"Mariposas Guerreras" que salen adelante
cueste lo que cueste.

Contenido

Que me entierren con la banda

El día en que yo me muera
que me entierren con la banda

—De la canción
"Que me entierren con la banda"
de Antonio Aguilar,
interpretada por Jenni y Lupillo Rivera

El día de su muerte, Dolores Janney Rivera Saavedra despertó ilusionada. La noche anterior se había presentado ante un lleno total en un palenque en Colima y esta noche estaría en la Arena Monterrey.

Para Rivera era un acontecimiento importante. La Arena Monterrey es uno de los recintos más grandes y prestigiosos de México, donde caben 16.000 personas. Jenni había tocado ahí una vez anteriormente, y se habían agotado las entradas. En esta ocasión, se había decidido colocar el escenario en el centro de la arena —un escenario de 360 grados, como una rueda de toros— para acomodar más gente y tener un ambiente más íntimo. Los boletos se habían vendido en menos de quince días, todo un acontecimiento, y la cantante sentía que su responsabilidad ante el público de Monterrey era grandísima, especialmente ahora que era jurado en *La Voz… México* y era vista por televisión por millones de personas cada semana.

Había planeado los conciertos con esmero. De Colima también llegarían su banda y el mariachi que la acompañaba en el escenario cuando cantaba su música ranchera. Llevaba consigo sus cambios de ropa, cuidadosamente seleccionados, que abarcaban desde un suntuoso vestido de gala rosado con aplicaciones diagonales de flores, hasta los jeans y la chaqueta ajustadísimos que apretaban cada pulgada de su figura. Cada cambio correspondía meticulosamente a la música, que a su vez correspondía a las muchas facetas de Rivera: la parrandera, la elegante, la gran diva, la amiga.

Aquel sábado en la tarde, cuando llegó a Monterrey, Rivera era todas esas cosas. La acompañaba su equipo de confianza, que incluía a Arturo Rivera, su publicista de muchísimos años y uno de los agentes de relaciones públicas más queridos de México. Jenni confiaba plenamente en su criterio y lo consideraba la mano derecha que la ayudaba a torear a los medios cuando era necesario. También iba su maquillista, Yacob Yenale, un mexicano radicado en Los Ángeles que trabajaba con todos los "grandes", desde Christina Aguilera hasta Rihanna, pero que era gran compinche de Rivera y hacía lugar en su agenda para viajar por todo México a su lado. Jorge González era su estilista, el encargado de las extensiones larguísimas y perfectas que ya se habían convertido en la marca de Rivera. De su equipo ejecutivo, Rivera viajaba en esta ocasión con Mario Macías, su abogado.

Cuando aterrizaron, el ambiente era festivo. Las cosas no podían andar mejor para Rivera. Colima había sido un éxito y Monterrey debería ser aún mejor. Y al otro día —el domingo— estaría en el set de *La Voz*, para la semifinal del concurso de talento que buscaba la siguiente gran voz mexicana. Rivera estaba tan relajada que incluso había hecho planes de parranda para después del concierto. Esa noche también tocaría el grupo M-40 en Monterrey, y le había pedido al promotor que le reservaran una mesa VIP para ir a verlos al club donde se estarían presentando. A Jenni le gustaba apoyar grupos nuevos —a través de los años había apoyado fuertemente a artistas como Akwid, Larry

Hernández, Espinoza Paz, 3BallMTY— y M-40 ya estaba dando de qué hablar.

El promotor reservó no una sino cuatro mesas para Jenni y su grupo y le tenía listo un disfraz para que nadie la reconociera. También le había reservado cuatro habitaciones de hotel, pero nunca llegaron a usarlas. Al aterrizar, Jenni y su grupo fueron directo a la arena para hacer la prueba de sonido, que se retrasó porque la banda y los mariachis aún no habían llegado de Colima. Jenni siempre viajaba con su propia banda: La Banda Divina de Jenni Rivera. El grupo residía en Mazatlán y se movilizaba con ella por México y Estados Unidos, junto con sus técnicos de audio, iluminación, video y pirotécnica, y con su director de producción, Rudy Echauri. Aunque en un comienzo Jenni contrataba a los mariachis localmente, por cuestión de costos, en el último año su fama había crecido tanto que ya viajaba con el mismo mariachi a la mayoría de las plazas de México.

La prueba no terminaría sino hasta casi las ocho de la noche. Pero Jenni quedó tan contenta con el sonido y el lugar que le dijo al promotor que le gustaría regresar a tocar en febrero. Incluso, acordaron una fecha tentativa: el 16 de febrero.

Esa noche, Rivera llegó a la Arena lista para dar la presentación de su vida. Siempre era así, pero en esta ocasión había electricidad en el aire.

Tomó el escenario toda de negro, vistiendo un ajustadísimo vestido y una corta chaqueta de cuero. Llevaba altos tacones y un largo collar. Su cabello, peinado por González, caía en una larga melena dorada casi hasta la cintura.

"Las mujeres, ¡cuando tomamos tequila nos aflojamos!" exclamó levantando una copa a la muchedumbre. "¡Por el afloje!" le gritó a la arena repleta.

Al final de la noche, cuando ya había lucido sus trajes de gala, cuando ya le habían rodado lágrimas por las mejillas al cantar sus rancheras más sentidas, recibió una sorpresa: los ejecutivos de su disquera, Fonovisa, tomaron el escenario para entregarle Discos de Oro y Platino por las ventas de sus dos más recientes álbumes. Era la gota que rebosó la taza en una noche en que las cosas no podían haber salido mejor.

"Ay, m'ija, estoy feliz, tan feliz", dijo después de la presentación durante su conferencia de prensa. "Soy muy feliz […] Las veces que me han empujado son las veces que me he levantado. Dios es bueno y nunca me suelta la mano. Y tengo mis seguidores, que me mantienen arriba, y que viven conmigo y que quieren verme bien".

Una vez terminada la conferencia de prensa, Jenni y su grupo habían de ir a su hotel o ir al show de la banda M-40. Pero en algún momento cambiaron los planes. Ya no pasarían la noche ni en el hotel ni de fiesta sino que Jenni regresaría al D.F. esa misma noche; debía estar en los estudios de Televisa a las once de la mañana para empezar *La Voz* y seguramente no quería arriesgarse a llegar tarde. Decidió, pues, que viajaría al acabar el concierto, para poder amanecer en el D.F. y seguir trabajando. El plan fue hecho tan a última hora que cuando Macías, su abogado, llamó a Rudy Echauri, el director de producción, a decirle que ya se iban y que podía irse con ellos en el avión privado, Echauri no recibió el recado a tiempo. Estaba en su hotel, dándose una ducha. Para cuando revisó sus mensajes era demasiado tarde; el grupo ya se había ido, y él prosiguió con su plan original, regresando en el vuelo comercial de la aerolínea Volaris.

Pasado el concierto y la conferencia de prensa, Rivera y sus acompañantes se montaron en el auto que los llevaría al aeropuerto, sin Echauri y sin Alejandra Guzmán, a quien Jenni también había invitado a volar con ella, pero quien había decidido irse en un vuelo comercial, como tenía planeado, porque viajaba con su novio.

Desde el asiento trasero del auto que los llevaba al aeropuerto, Yenale, el maquillista, tomó una foto del grupo con su teléfono celular y la subió al Internet. Todos sonreían y el júbilo en sus rostros era palpable.

"De camino de regreso al D.F... Jenni Rivera, Arturo, Gigi y yo. Los Amooo!" escribió junto a la foto.

En el trayecto al aeropuerto, Jenni aprovechó para contestar mensajes y tweets. Uno venía de Javier Estrella, un amigo y reportero de Televisa quien se había preocupado al verla llorar durante el concierto.

"Jenni, dime por favor que estás bien?" le escribió a las 12:27 a.m.

"La verdad tengo paz!" le respondió ella a las 3:09 a.m. "Soy muy feliz... Estoy tranquila... te lo prometo. Ciertas canciones me hacen llorar. Es todo".

"Dios está conmigo. Confío en él", agregó un minuto más tarde.

"Mi respeto y admiración para ti", contestó Estrella a las 3:11 a.m. "Que tengas buena noche y excelente regreso al DF!".

Exactamente cuatro minutos más tarde, el Learjet con placas N3445MC emprendió su rumbo al D.F. y Rivera habría apagado su celular. El avión había sido construido en 1969 —tenía cuarenta y tres años— pero Jenni no habría sabido esto. Tampoco habría sabido que su piloto, Manuel Pérez Soto, tenía setenta y ocho años de edad, y que su copiloto, Alejandro Torres, tenía tan solo veinte.

El avión ascendió en la oscura noche sobre un Monterrey que ya callaba tras la fiesta con Rivera. Era una noche clara y sin lluvia, y a cinco minutos de vuelo y 28.000 pies (8.534 metros) de altura, las luces de la ciudad se empezarían a perder a la distancia.

Quizás Rivera ya había cerrado sus ojos, cansada después de un largo día de trabajo. Quizás hablaba con sus amigos, pues el vuelo era corto —en solo una hora estarían en Toluca. De cualquier forma, alrededor de las 3:19 a.m. algo falló en las entrañas del avión, y el Learjet, que tan elegantemente cobraba vuelo, titubeó en el aire. Su rumbo se habría partido, como un pájaro que se estrella contra un muro invisible. El avión se tambaleó, indeciso, y sin ningún aviso se vino abajo, alcanzando una velocidad de 1.000 kilómetros por hora.

Todo sucedió tan rápido que es poco probable que Jenni o sus acompañantes se hayan percatado de que algo andaba terriblemente mal. El Learjet se estrelló sin piedad contra la tierra mexicana y a las 3:20 a.m., la torre de control reportó que había perdido contacto con la aeronave.

Para entonces, Jenni Rivera, de cuarenta y tres años de edad, yacía muerta en un remoto rancho en las afueras de Monterrey, lejos del escenario que la había ovacionado solo unas horas antes.

JENNI
RIVERA

La Dinastía Rivera

La Dinastía Rivera. Los Rivera. La Familia Rivera. Así les decían, les dicen todavía. "La Familia", "El Clan", así en mayúsculas, como si fueran una gran tribu o una familia de sangre real o de gran abolengo. Cuando se los veía juntos, el mito crecía: Don Pedro Rivera, el patriarca cuya mano y visión había moldeado el destino de sus hijos; Lupillo, con sus vestimentas caras, inmediatamente reconocible por su cabeza rapada y su bigote; Pedro Jr., el carismático predicador; Rosie, la menor, una belleza con cara de Madonna rubia y blanquita; Juan y Gustavo, también cantantes; y Jenni, curvilínea y exuberante, de boca gruesa y gran sonrisa. Se hablaba de la madre —doña Rosa— pero ella aparecía poco, como en las tradiciones de las familias italianas; figuras poderosas pero silenciosas. Se entendía que tenía que ser una mujer de hierro para haber criado una camada de hijos con tanta personalidad, aunque rara vez hacía declaraciones públicas.

Cada cual llevaba su vida aparte e independiente, pero de tanto en tanto "Los Rivera" aparecían juntos, y eran formidables. Ellos con sus sombreros mexicanos, sus botas y su actitud de machos; y ella, Jenni, un antídoto de pura femineidad, curvilínea, maquillada, su pelo largo y siempre bien arreglado, vestida con ajustados, pero sobrios, trajes de colores brillantes —morados, rojos y azules— o del negro que tan bien le quedaba. Era impresionante verlos interactuar, pues cada cual tenía su personalidad y su espacio, y los otros lo respetaban. Cuando los Rivera estaban juntos, no había uno que dominara la conversación o uno que interrumpiera o uno que estuviera en desacuerdo. El uno le tomaba la palabra al otro, como corredores de relevo. Si alguien sobresalía, era Don Pedro, por sentimental. Era común verlo derramar lágrimas en las entrevistas.

La Familia Rivera era unida, leal. Seguramente había peleas internas, seguramente los malentendidos volaban con tanta personalidad recia junta. Pero de puertas para afuera, eran una cadena en la que cada eslabón sostenía al otro. Si la prensa criticaba a uno —y sucedía muy a menudo— los otros, como fieras, caían encima a defender. Cada uno podía jalar por su lado, cuidar su propio negocio, pero ay de que alguien se metiera con su hermano, su hermana, su padre, su sangre.

Jenni misma lo dijo en la conferencia de prensa la noche de su muerte, cuando le preguntaron si tenía diferencias con Lupillo, su hermano más famoso.

"Como hermanos no estamos totalmente de acuerdo en todas las cosas y sí somos muy broncos los dos, más que todos los demás", contestó con su característica honestidad. "Pero cada vez que ha existido un problema fuerte en mi vida mi hermano olvida cualquier cosa, cualquier discusión, cualquier sentimiento y me habla y me dice 'hermana estoy contigo'".

Los Rivera. El día del entierro de Jenni, allá en el Anfiteatro Gibson en Los Ángeles, vestidos todos de blanco y rojo, parecían reyes, princesas y príncipes, tan elegantes, tan dignos y, sobretodo, tan elocuentes. Desde el mayor, Don Pedro, hasta el más pequeño, Johnny, hablaban con la facilidad innata y el vocabulario expresivo de aquellos que son o supremamente bien educados o han crecido rodeados de oratoria. Pero los Rivera no tenían ni realeza ni abolengo. A diferencia de otras familias de alcurnia musical —como los Aguilar o incluso los Fernández— su historia artística apenas empezaba, pues las grandes estrellas no eran el padre sino los hijos —Lupillo y Jenni. En cuanto a dinero, educación o cualquier esbozo de linaje, la familia en sus comienzos no tenía absolutamente nada de eso.

Como Jenni misma dijo una y otra vez a lo largo de los años: "A mí no me abrieron ninguna puerta. Yo las abrí todas sola".

Y qué puertas había abierto. En el momento de su muerte, Jenni Rivera era una de las artistas más vendidas de su casa disquera, la multinacional Fonovisa, y era la artista femenina más vendida en el ámbito de la música regional mexicana, punto. Entre las mujeres —de cualquier género— también era la que más giras hacía y era la única artista latina que simultáneamente tenía su propio programa de radio semanal (*Contacto directo con Jenni Rivera*, por Entravisión), su propio programa de telerrealidad (*I Love Jenni*, por mun2), su propia línea de maquillaje y ropa y su propia fundación (la Jenni Rivera Love Foundation). Para rematar, a escasas semanas de su muerte, Rivera había firmado un contrato con ABC, una de las principales cadenas televisivas de Estados Unidos, para producir y estelarizar su propia serie de televisión semanal en *inglés*. Era un logro sin precedentes para un artista musical latino. Jenni Rivera estaba al borde del estrellato masivo, y lo sabía.

"El 2013 iba a ser un año increíble", dijo a Billboard Pete Salgado, quien fuera mánager de Rivera desde 2004. "Nuestro contrato con ABC iba a ser el primero; iba a ser la primera latina en tener su propia serie. Y lo íbamos a hacer a su manera, con ella como productora. Era ella. Iba a haber muchos 'primeros'. [...] En nuestra compañía de producción, todos estábamos concentrados, agresivos, estábamos en la jugada. Ella estaba lista. Y 2013 iba a ser su año para ser mamá. Siempre decía que había pasado tantos años siendo quien sustentaba a sus hijos —como un papá— que ya era hora de ser una mamá. Mamá en el buen sentido de la palabra: cocinando desayuno para sus hijos, llevándolos a la escuela, reuniéndose con sus maestros. Por eso digo que no hay tiempo para tristezas. Tenemos que terminar lo que empezamos. Asegurarnos que su legado viva. Este tipo de artistas llega una vez por generación. Jenni es única. Va a pasar mucho tiempo antes de que aparezca alguien que se le acerque".

La intención de mantener vivo el legado de Jenni fue palpable en su servicio fúnebre, donde muchos de los miembros de su familia hablaron de ella en presente, como si aún estuviera físicamente con ellos. Ninguno fue más conmovedor que su hijo Johnny López, de once años de edad, el último en hablar, después de toda la familia: "Esto es lo más difícil que he hecho en toda mi vida", dijo con un leve suspiro, ya demostrando la elocuencia que caracteriza a todo el clan Rivera. "Yo viví sólo once cortos años con mi madre, pero en esos cortos once años, ella trató de ser el mejor ejemplo que pudo", dijo Johnny, un muchachito adorable de mejillas regordetas. "Yo nunca he visto a una mamá trabajar tan duro para lograr las cosas, para ir al mercado para sus hijos, para darles de comer", agregó, secando de tanto en tanto las lágrimas que corrían por sus mejillas sin cesar en una lluvia constante. "Es un verdadero honor decir que Jenni Rivera, la persona de la cual todos están hablando hoy, es mi mamá. Y todavía vive en mí".

Déjame vivir

Jenni Rivera no iba a ser cantante. Nunca lo soñó, nunca lo imaginó, nunca lo buscó y por mucho tiempo no lo quiso. El que quería ser cantante era su padre, Pedro Rivera, un hombre humilde quien empezó a hacer sus pinitos de cantante y compositor en La Barca, Jalisco, allá por principios de los años sesenta. Pedro Rivera era un joven compacto y esbelto, de pelo y bigote negros y sonrisa fácil y brillante. No era muy alto y compensaba llevando siempre un sombrero blanco con alas volteadas. No vestía nunca ni de charro ni con los atuendos más vistosos que usan muchos cantantes de banda o norteño. Pero Rivera era elegante. Siempre, desde sus comienzos hasta el presente, se presenta impecable, con sus pantalones ajustados, su camisa metida, su cinturón de cuero y sus botas bien brilladas. Lo bien puesto lo emularían todos sus hijos años después —incluyendo a Jenni y Lupillo— así como también heredarían su don de gente y su don de palabra. Pedro Rivera siempre estaba haciendo relaciones públicas, buscando conocer gente del medio —empresarios, artistas y disqueros— para abrir puertas.

Pedro no venía de una familia musical y nadie en su entorno cantaba. Al contrario, su padre era militar y a veces se ausentaba de la casa por meses. Y eran pobres. Tanto que Pedro en una entrevista con *La Opinión* en 2002 recordó que su abuelo de Jalisco decía: "Nosotros somos de las chivas de más atrás". Con eso hacía referencia a que "cuando arreábamos a esos animales, la más flaca y hambrienta de las chivas era la que siempre se iba quedando atrás de la manada".

Pobre o no, a Pedro lo llamaba la música, y buscando su lugar en ella, emigró en bicicleta hasta la ciudad de Hermosillo en Sinaloa, donde conoció a Rosa Amelia Saavedra, una hermosa morena de Sinaloa que participaba en concursos de canto de aficionados en la radio local XEDL AM.

Se casaron en 1963. Pedro cuenta que se llevó a su joven esposa a Guadalajara, donde vivieron tres meses en la central camionera. Él ganaba el pan de cada día lavando carros y camiones de pasajeros, pero el salario apenas les alcanzaba para vivir, y los jóvenes enamorados pasaban hambre.

Luego, recordó Pedro en la entrevista de *La Opinión*, "regresamos a Hermosillo, y ahí me encarcelaron por haberme robado a una menor de edad. Dos meses me tuvieron en la penitenciaría local y salí gracias a gestiones que hizo mi propia esposa. Me dediqué a vender billetes de lotería y tacos de caguama".

Finalmente Pedro decidió aventurarse e ir hacia El Norte. La fecha sería 1964, según el artículo publicado en *La Opinión* en 2002 —aunque su biografía en su página de Facebook lo data como el 19 de abril de 1966, el mismo día de la muerte de Javier Solís, su ídolo. Más allá del año, el desenlace fue el mismo: Rivera cruzó la frontera como indocumentado y fue en un tren carguero desde Yuma, Arizona, hasta Indio, California. En Indio, un hombre lo recogió en su auto y lo llevó hasta Los Ángeles. Pero, inicialmente, ese no fue su destino final. Pedro luego tomó un autobús con otros campesinos rumbo a Fresno, donde consiguió trabajo en el Rancho Coit, recogiendo lechuga, melón, uva y fresa. Rosa permaneció en México, pero con el tiempo también llegaría al Norte.

Años después, cuando logró su fama, Pedro se llamaría a sí mismo El Patriarca del Corrido, El Cantante del Pueblo y El Personaje del Pueblo, todos nombres que venían directamente de experiencias que nunca olvidó y de las cuales nunca se alejó mucho.

"Siempre he tratado de ser el mejor en cualquier campo", dice Pedro en su biografía en Facebook. "Soy un hombre de lucha, de trabajo, con convicciones firmes, de fuerte carácter, determinado. Aún recuerdo cuando andaba detrás de las chivas, en mi natal Jalisco, convencido de que algún día sería grande y lograría, pese a mis pocos estudios, un mejor porvenir".

Pedro y Rosa ya tenían un hijo, Juan, cuando en 1968, Rosa nuevamente quedó embarazada. En su vientre, llevaba a quien sería su primera hija: Jenni.

El de Jenni no fue un embarazo planeado. Los Rivera seguían siendo humildes y los planes de comenzar de nuevo en otro país se dificultaban con un nuevo bebé en camino. Las cosas se complicaban aún más teniendo en cuenta que Pedro y su familia no tenían manera de cruzar la frontera por vías legales. Eran trabajadores mexicanos como tantos otros en busca del sueño americano. Ciertamente no poseían ni el dinero ni el conocimiento para tramitar visas ni permisos de trabajo. Ya Pedro había hecho el cruce inicial unos años antes, y ahora él y su familia estaban decididos a hacerlo de manera permanente. En el Norte la vida sería mejor. La decisión de aventurarse, de cruzar la frontera ilegalmente otra vez, de tener a la hija no esperada y de quedarse en los Estados Unidos en lugar de permanecer en México —donde aguardaba la familia, la abuela, el idioma— sin duda fue un factor crucial e indispensable en el desarrollo de Jenni como persona y, luego, como artista.

"Yo nací aquí [en Estados Unidos]", me dijo Jenni en *Estudio Billboard*, el programa de televisión de entrevistas y música con artistas latinos que se transmite por V-Me en Estados Unidos y por Fox Life y otros canales en América Latina. "Mi mamá venía embarazada de mí cuando cruzó la frontera, y lo que menos quería era tener un bebé. Iban a Estados Unidos a triunfar, a buscar un mejor porvenir para la familia". Tener un hijo bajo esas circunstancias resultaba muy complicado, pero Jenni no se rindió: "Luché por mantenerme en el vientre de mi mamá porque los deseos eran otros. Desde ese tiempo empieza la lucha de mi vida. Y llegué y me quedé".

La canción "Déjame vivir", que Rivera escribió para su álbum *Parrandera, Rebelde y Atrevida*, fue inspirada en ese comienzo de su vida y cuenta la historia de un niño que, desde el vientre de su madre, le pide que lo deje vivir, y dice: "Piensa que puedo ser una cajita de sorpresas si es que tú me dejas vivir / Quizás puedo llegar a ser alguien importante, alguien que te haga reír".

Rivera nunca aclaró cuál había sido precisamente la situación de su madre ni qué tanto se asemejaba a la canción que cantaría años después. Lo que sí es cierto es que, como tantas otras cosas que dijo durante su vida y en sus canciones, la letra de este tema sería sorpresivamente un reflejo de la realidad. Efectivamente, Jenni Rivera se convertiría en una caja de sorpresas. Sí, llegaría a ser alguien importante, más allá de cualquier sueño o ambición.

Ningún padre o madre podría haber imaginado que una hija pudiera alcanzar tales alturas. Que lo hubiera hecho una hija de inmigrantes ilegales, mexicanos, pobres y marginados era surreal.

Jenni Rivera no nació en Long Beach, como se ha reportado miles de veces. Nació en Culver City, un vecindario del lado oeste de Los Ángeles que colinda con las comunidades de los ricos como Santa Mónica, Pacific Palisades o Venice Beach. En Culver City quedan los estudios de cine de Sony Pictures (que eran los estudios MGM en la época de Jenni), The Culver Studios y las oficinas de Discos Balboa. A cinco millas hacia el este está Beverly Hills, el mítico barrio de los millonarios y los actores de cine, y a seis millas hacia el oeste está la playa de Santa Mónica y Venice, donde cada casa que mira al mar cuesta una enorme fortuna. Incluso en el mismo Culver City, hay casas que cuestan millones de dólares a escasas cuadras de apartamentitos apretados donde conviven múltiples familias en un mismo cuarto. En otras palabras, los Rivera vivían a escasos minutos del lujo, del esplendor y de los sueños de Hollywood, pero en realidad estaban tan apartados de ese mundo, que igual podrían haber estado en Marte.

Jenni nació el 2 de julio de 1969. El nombre oficial que le dieron sus padres fue Dolores Janney Rivera Saavedra, efectivamente imprimiendo una identidad bicultural y bilingüe a su hija desde el momento en que nació. "Janney", que se convertiría en "Jenni", era claramente un reconocimiento al nuevo país donde se hablaba inglés. Y Dolores, por supuesto, es un nombre mexicanísimo por excelencia, de origen español, que significa "aquella que sufre dolor en recuerdo al dolor de la Virgen María por la muerte de su hijo". Y este significado, irónica y tristemente, identificaría a su dueña.

Los Rivera vivían en uno de esos pequeños edificios de apartamentos de pocos pisos, con escaleras en lugar de elevadores, que son tan comunes en todo el sur de California. El apartamento era pequeño y los vecinos eran numerosos y ruidosos. Para que Jenni no se despertara con el ruido de afuera, Rosa le ponía música. Así fue que desde su nacimiento, la música fue una constante en su vida, empezando principalmente con la música mexicana.

Ser mexicana en Estados Unidos no era una situación única, y Rivera rápidamente lo percibió; vivía en un entorno eminentemente mexicano, a pesar de estar en el corazón de Los Ángeles. Pero sus padres eran estrictos, ya que, por ejemplo, no les permitían hablar inglés en casa. "En casa se hablaba español, se comía comida mexicana y se escuchaba música mexicana de Lola Beltrán, de Pedro Infante, de Vicente Fernández, de Lupita D'Alessio, de todos esos artistas que son leyendas" me dijo Jenni en *Estudio Billboard* en 2010. "Y me inculcaron a mí lo que era la música mexicana, lo que eran mis raíces. Mi papá eran coscorronazos que me daba cuando llegaba a la casa y la radio estaba prendida a música hip hop, música en inglés y él la había dejado en música mexicana en español. Yo tenía permiso de hablar inglés en la escuela. Y en casa me iban a criar como una niña mexicana".

Pero a pesar de ser criada como niña mexicana, crecer en el seno de la familia Rivera sería una experiencia enormemente liberadora para una chica con el carácter de Jenni Rivera. Doña

Rosa era una madre mexicana tradicional y conservadora, pero esperaba que todos sus hijos —incluidas sus hijas— estudiaran y fueran excelentes en la escuela. Que Jenni era particularmente inteligente era obvio, y Doña Rosa esperaba de ella lo mejor. Ambicionaba que, a diferencia suya, Jenni pudiera ir a la universidad y se convirtiera en alguien importante: una maestra, una sicóloga, una enfermera.

Por otra parte, Don Pedro era estricto, era recio, era exigente y en todo su haber y parecer era un macho mexicano. Pero moría por su Jenni. Y ella moría por él. A lo largo de su vida profesional, el apego de Jenni por su padre fue palpable. Lo mencionaba y su voz se suavizaba, bajaba las defensas, se le asomaba una sonrisa. Jenni Rivera amaba a su padre y su padre la amaba a ella. Y quizás la quería tanto, tanto, porque fue su primera hija entre los hombres y porque lo fue por mucho tiempo —hasta que llegó Rosie unos años más tarde. La trató siempre como una princesa, pero también le enseñó a ser tan fuerte, tan autosuficiente como cualquier macho.

Cuando Jenni era todavía muy pequeña, los Rivera se mudaron de Culver City a Long Beach, un gran paso porque pasaron de vivir en un apartamento a vivir en una casa. Pero el barrio era quizás menos deseable que el que dejaban atrás. La nueva casa era en el área oeste de Long Beach, cerca de Hill Street y Gale Avenue, en un vecindario conocido por sus pandillas. Pero Long Beach en general también es reconocido por su diversidad. Hoy en día, se considera la municipalidad más diversa tanto étnica como culturalmente entre las cien municipalidades más grandes de Estados Unidos.

"Para nosotros, era un buen vecindario", recordó Jenni sobre su barrio en particular en una entrevista con Omar Argueta para *La Crónica* en 2002. "Pero era un gueto. Me gustó que crecimos en un vecindario muy diverso. Nuestros amigos eran de Samoa, filipinos, negros, de todas las razas. Pero había peleas y tiroteos. Y cuando todo el mundo creció y nos fuimos a Stevens Junior High, cada raza se separó en su propia pandilla. Siempre nos molestaba alguien simplemente porque éramos de otra raza".

Durante su vida, Jenni habló muchas veces muy abiertamente sobre su infancia. La familia tenía poca plata y todos trabajaban. En una entrevista publicada en *La Opinión* el 8 de agosto de 2001, Jenni contó que su madre trabajaba en una fábrica y que los demás hijos recogían latas de aluminio en las calles para venderlas. Jenni iba a la escuela y cuidaba de sus hermanos pequeños porque no había dinero para contratar una niñera. Pese a la pobreza de la casa y a la inseguridad del barrio, Rivera siempre recordó su niñez como una época particularmente feliz.

"Económicamente no nací una reina de reinas", dijo Rivera. "Pero en mi casa siempre mi padre me enseñó que era una reina. Sí, era la reina de la casa, que después se hizo la reina de Long Beach, según mi papa, y luego la reina de California, de Estados Unidos, de México. Mi papá siempre me dio mucho cariño de niña. Fui la primera niña entre cuatro niños, antes de Rosie. Y mi papá exigía que se me demostrara y crecí con muchísimo amor".

Así como Pedro Rivera exigía que se tratara a su hija como una princesa, exigía que su hija tuviera la misma personalidad y tesura que sus hermanos. Su Jenni era una princesa pero era una princesa que podía defenderse por el mundo igual o mejor que cualquier hombre.

"Fui muy apegado a Jenni porque era una niñita muy aguerrida, muy alegre y a mí me daba gusto andar con ella", dijo Pedro Rivera en *Primer Impacto*. "Ella decía que no era la más bonita, pero sí la más peleona. En una ocasión venía llorando de la escuela y le digo: '¿Qué pasó, que traes?'. Y dice: 'Pues no, que me pegó una chamaca más grande que yo'. Y le digo: 'Se me devuelve y usted le va a enseñar que a usted no le va a pegar nadie'. Y se devolvió y en frente de la maestra agarró a la alumna que era más grande que ella, e iba decidida, fue y la agarró, la tumbó en el suelo y le puso el pie en el cuello, y con las manos le jalaba el pelo. Ya la iba matando ahí", agregó Don Pedro, riéndose con el recuerdo.

A Jenni le enseñaron a no dejarse empujar por nadie. Si vivía entre hombres, tenía que saber defenderse entre hombres. Muchos años después, cuando ya su fama empezó a crecer, Jenni también empezó a ser conocida como la mujer que no se dejaba pisar por nadie, ni por los medios, ni por la industria ni por nadie más; llegó a ser conocida como una mujer que decía exactamente lo que sentía y pensaba y que nunca daba su brazo a torcer. Seguramente estas características fueron forjadas en aquellos primeros años en Long Beach.

"Yo no conozco otra vida aparte de esa", dijo Jenni en una entrevista en *TVNotas*. "Mis padres y mis hermanos me criaron de una manera muy fuerte, no muy dócil, no muy femenina, no muy tierna", recordó Jenni. "Yo jugaba a las canicas, al béisbol. Hacía lo que hacían mis cuatro hermanos. Ellos andaban haciendo sus travesuras y yo iba con ellos y a veces las hacía mejor. No se me hizo difícil porque fue así como me crie. No tenía otra opción".

Cuando le preguntaron en la misma entrevista si era una niña de aquellas que jugaba con muñecas, Jenni se río. "Mi mamá quería con todo su corazón, con toda su alma que yo fuera de esas niñas", dijo. "Entonces juntaba su dinero, sus ahorros para comprarle a la niña de la casa sus muñecas, sus trastecitos. Mis hermanos me quemaban mis muñequitas, me las rompían. Mis trastecitos me los rompieron también. Ellos querían que anduviera con ellos en bicicletas, que fuera buena en las canicas. Me hicieron campeona en las canicas. Entonces ya cuando mi mamá me decía, 'M'ija, ¿qué quieres que te compre?', yo quería una cortadora de zacate".

Jenni no habrá sido una niñita de muñequitas y rabietas, pero sí era una niñita aplicada a sus estudios y siempre sobresalió por tener buenas notas. Desde la escuela primaria hasta sus años de secundaria en Long Beach Polytechnic, Jenni descollaba por ser una excelente estudiante que sacaba solo diez. El hecho de que lo fuera a pesar de que el español era su lengua materna hacía que su desempeño fuera aún más meritorio. Jenni era, como dicen popularmente, una "lumbrera", que todo lo aprendía fácilmente. Y al estar tan dedicada a la escuela, le quedaba poco tiempo para los novios u otros pasatiempos. Además, la Jenni de ese entonces era una niña redondita, sencilla, de cabello café y poco maquillaje, muy distinta a la Jenni sofisticada, sensual y siempre impecablemente arreglada y maquillada que el mundo llegaría a conocer.

"Fíjate que no fui muy noviera", dijo en la misma entrevista. "Era la patita fea de mis amigas y de la escuela. Me enfocaba en mis estudios, me gustaba, mucho, mucho estudiar. Mis calificaciones siempre eran diez. Diez académicamente y en comportamiento. Me portaba bien en la escuela y ya no más me buscaban pleitos y era buena pa' los trancazos porque mis hermanos me habían enseñado", dijo riéndose. "Entonces no había mucho tiempo ni había realmente niños que se interesaran en mí".

Quizás no hubo "niños" que se interesaran en Jenni, pero sí hubo un hombre joven que se interesó muchísimo en ella. Se llamaba José Trinidad Marín y le decían "Trino". Tenía veintiún años de edad, seis años más que Jenni, quien en ese momento apenas había cumplido quince y cursaba décimo grado en Long Beach Poly. Para una niña joven, que nunca había tenido novio, la atención de un joven guapo, mexicano y mayor que ella era difícil de resistir. Jenni, la estudiante aplicada, la que sacaba diez en todo, se enamoró. O, como dijo ella años después, pensó que se había enamorado. Fuera como fuese, a los quince años de edad, la princesa de la familia Rivera quedó embarazada y se fue de la casa para estar con su pareja. El 26 de junio de 1985, cuando Jenni apenas había cumplido los dieciséis años, tuvo a su primera hija, Janney Marín Rivera, a quien apodaron "Chiquis".

En ese momento, Jenni pudo haber dejado la escuela para siempre y dedicarse a ser madre, el destino de tantas adolescentes de escasos recursos que quedan embarazadas. Ya se había ido de la casa para vivir con su hombre y su bebé. Pero Jenni tenía claro que ella quería hacer algo más con su vida. Permaneció junto a Trino, decidida a ser buena pareja, buena madre y, todavía, buena estudiante.

"Usualmente, cuando una joven se embaraza, se sale de la escuela", dijo Rivera a Argueta en *La Crónica*. "Yo pensé que eso me tocaría hacer también, pero los consejeros de mi escuela me dijeron que de ninguna manera me lo permitirían. Que yo tenía demasiada promesa".

Pero Long Beach Poly no era el lugar idóneo para una chica en la situación de Jenni. Era una secundaria excelente, con reconocidos programas de arte, deportes e, irónicamente, música. Pero al ser la secundaria más importante y más antigua de la ciudad, también era la más grande, con más de 5.000 estudiantes.

Jenni terminó ahí su décimo grado pero ingresó después a otra escuela, Reid Continuation High School, para terminar sus estudios. Reid es una escuela para estudiantes que por algún motivo u otro han tenido que interrumpir sus estudios. Por lo tanto, era un lugar mucho más pequeño y personalizado que Poly. En su página web, la escuela se describe como "un programa alternativo, de recuperación de créditos, para estudiantes que buscan una experiencia educativa distinta que culmina en un diploma. El equipo de Reid colabora para proveer un ambiente seguro y positivo donde los estudiantes aprenden a convertirse en ciudadanos globales con responsabilidad social. Los estudiantes desarrollan respeto por sí mismos y por otros y crean un plan de transición para la siguiente etapa de sus vidas. [...] Nuestro equipo está comprometido a hacer de la graduación una realidad para estudiantes que hayan tenido la tentación de salirse de la escuela después de atrasarse en sus créditos. Les pedimos a nuestros estudiantes que crean en sí mismos igual que nosotros creemos en ellos".

Rivera nunca había necesitado atención especial ni ambientes que nutrieran su crecimiento. Pero ahora, con un bebé, todo había cambiado.

"Yo seguí estudiando a pesar de que salí embarazada a los quince años, y mi hija nació cuando yo tenía dieciséis", dijo Jenni en una entrevista televisiva con la periodista Susana Heredia para *TVNotas*. "Y no había tiempo de bailes ni de deportes. Yo iba de la escuela a la casa, a cocinar, a ser mamá, a ser esposa, y cuando me gradué mi niña ya tenía dos años.

Rivera no sólo se graduó a tiempo, sino que fue la primera de su curso. En ese momento, una vez más pudo haber tomado la decisión de dejar los estudios a un lado y dedicarse al hogar. Y una vez más, decidió seguir su camino en busca de una mejor vida. Ingresó inicialmente a Long Beach City College, parte del sistema de universidades "junior" donde puede ingresar cualquiera que se gradúa de bachillerato. Pero rápidamente se transfirió a Long Beach State University, de donde se graduó en 1991 con un título en Administración de Empresas.

Ya para ese entonces, Rivera había pasado las de San Quintín. Cuando estuvo embarazada por segunda vez con su hija Jacqueline Melina Campos, había peleado con Trino y se había ido de la casa.

"Viví un tiempo en un garaje frío con mi hija mayor, que entonces tenía cuatro años; yo estaba embarazada de siete meses", le contó a *La Opinión* en una entrevista en 2001. "Por ser muy orgullosa, no regresé al lado de mis padres en esa dura etapa, en la que el que era mi marido me había corrido de la casa".

Las dificultades no pararon ahí. Jenni tuvo problemas con Trino casi desde el comienzo.

"La violencia comenzó desde que me fui a vivir con él", contó Jenni en una entrevista con el programa televisivo *Escándalo TV*. "Él me acusaba de que la niña no era suya. Se me hacía imposible quedarme en casa agachada cuando todos mis profesores me decían que yo tenía talento, y sabía que yo iba a llegar muy lejos. Sufrí mucho maltrato físico de parte de él".

A sus dieciocho años de edad, angustiada y desesperada por su situación, Jenni intentó suicidarse. "Quería estudiar, salir adelante, pero no lo lograba, lo veía imposible", dijo Jenni en *Escándalo TV*. "Tenía a mi niña y estaba trabajando, y me tomé muchas pastillas para acabar con todo. Cuando volví a abrir los ojos, vi en la cama del hospital a mi padre y a mi madre que me preguntaban, '¿por qué?'".

Pese a todo, Jenni se quedó con Trino y regresó a estar con él después de pasar ese tiempo viviendo sola con Chiquis en un frío garaje. Tuvo a Jacquie el 30 de noviembre de 1989, cuatro años después de su hermana, y Trinidad "Michael" Angelo Rivera nació el 11 de septiembre de 1991. Años después, Trinidad cambiaría su nombre a Michael, después de que su padre fuera condenado a prisión por abusar de su hermana y de su tía.

A los veintiún años de edad, Jenni ya tenía un título universitario, pero también tenía tres hijos cuyas edades oscilaban entre un bebé recién nacido y una hija de seis.

Casi veinte años después, Susana Heredia de *TVNotas* le preguntó qué habían pensado sus padres de su situación y si estaba muy enamorada de Trino en esa época.

"Pues, qué pensarían [mis padres] porque las di bien dadas", dijo con una sonrisa. "Y sufrieron mucho. Más mi papá, que su reina había comenzado la vida así tan pronto". En cuanto a Trino: "A los quince años yo no sé si eso se llama amor", dijo. "Te encandilan. Te digo que nadie se fijaba en mí. Fue el primero que se fijó. Y era seis años mayor que yo. No te puedo decir que era amor, porque incluso cuando estaba embarazada tenía los primeros tres meses muchos ascos, muchas nauseas, y él era una de esas nauseas para mí. No podía ni verlo, no lo soportaba, pero como ya había salido con mi domingo 7", dijo, usando la antigua expresión latina que se refiere al domingo 7 de la mala suerte como eufemismo de quedar embarazada sin querer o sufrir alguna desgracia. "Aparte tus papás te enseñan que el primer hombre con el que estás es con el que te quedas".

Como tantas otras mujeres —latinas y no latinas— Jenni de adolescente pensaba que era su deber quedarse junto a su marido, no importaban las circunstancias. Así había sido criada.

"Yo sabía que cuando yo estaba en esta relación, algo no estaba bien, pero pensaba que me tocaba quedarme con él, como lo hizo mi madre y mi abuela", contó a *Escándalo TV*. "No quería quedarme sola, creía que el matrimonio era para toda la vida".

Y Rivera se quedó con Trino, hasta que no pudo más. En 1992 lo dejó, alegando que la relación había sido abusiva. Pero era más que eso. Jenni ya no era la niñita de quince años que había quedado embarazada. Era una mujer profesional, autosuficiente y segura de sí misma. Se había superado de maneras que su pareja jamás imaginó mientras que él se había quedado en el mismo lugar.

"Nuestra relación fue una relación muy difícil, donde no solo sufrí yo sino sufrió él también", me dijo Jenni en *Estudio Billboard* en 2010. "Porque no puedo decir que fui solamente víctima. Yo también fui agresora porque no sabía dejarme. No sabía dejar que él me golpeara nada más. Pero cuando nos separamos y ya empecé a cantar, empezó él siempre a decirme que no lo iba a hacer, que nunca iba a ser nada".

Cuando Trino notó que Jenni comenzaba a tener éxito y ya podía volar sola, no lo pudo soportar. "Aún separados viví algo muy difícil con él porque no soportaba que yo ya era una mariposa que volaba, y no era la oruga que él estaba acostumbrado a pisotear", me contó Jenni en *Estudio Billboard,* en referencia a su éxito "Mariposa guerrera", que se inspira en este momento de su vida. "Y fue difícil pero fíjate que a través de los años yo me doy cuenta que Dios permite que vivas ciertas experiencias en tu vida porque quizás en algún momento tú vas a ser la ayuda para otra persona que lo está viviendo, u otra mujer que lo está viviendo".

Lo que Jenni no sabía en ese entonces era que Trino no sólo abusaba físicamente de ella, sino que también había abusado sexualmente de su hija mayor, Chiquis, y de su propia hermana menor, Rosie, a quien adoraba como si fuera su hija.

Pero ese conocimiento le llegaría después a Jenni, cuando Trino ya se había marchado de sus vidas. No es coincidencia que en esa época Jenni finalmente empezara a cantar. Para ese entonces, era una madre soltera que además de no tener un hombre a su lado, había sido abusada y engañada de la peor de las maneras. Jenni reportaría a Trino a las autoridades pero pasarían años antes de que fuera encontrado, enjuiciado y encarcelado.

Mientras tanto, Jenni estaba sola. Pero si había sido una guerrera en su niñez y adolescencia, empezó a serlo aún más ahora. Jenni Rivera tenía solo veintidós años de edad y ya había vivido una vida entera, pero su carrera apenas tomaba vuelo.

La raíz del éxito

Don Pedro Rivera siempre quiso que su hija cantara. En parte era el orgullo de padre, y en parte, Pedro, que tenía buen ojo para el talento, percibía que su hija tenía algo especial. Pero Jenni era, desde pequeña, una mujer de negocios. De chiquita, en la escuela primaria, vendía chicles para ganar dinero. En la entrevista con Omar Argueta en *La Crónica*, dijo que la primera y única vez que había cantado en público de pequeña fue cuando tenía once años de edad, en un concurso en Long Beach. "Mi papá se puso bravo conmigo, no por no ganar, sino porque me asusté y no terminé", dijo Rivera. "Él siempre nos enseñó a no darnos por vencidos".

Jenni no volvería a cantar en once años. Mientras tanto, se juntó con Trino, tuvo a Chiquis, Jackie y Michael, se graduó de la escuela secundaria y se graduó de la universidad. Consiguió su licencia de bienes raíces y, gradualmente, la madre soltera empezó a ganarse la vida bastante bien. Era buena vendedora y la venta de casas generaba un buen ingreso. Podía mantener a sus hijos tranquila, con macho o sin macho.

Por otra parte, Pedro Rivera también empezó a prosperar con su música. Aunque hizo un sinnúmero de oficios distintos desde que llegó a Estados Unidos, la música seguía siendo su objetivo y su pasión, y la buscaba en cuanta manera podía.

A principios de los años setenta empezó a hacerlo con más ahínco, y en aquel tiempo, mientras escuchaba la radio, el locutor Humberto Luna anunció un concurso de cantantes aficionados en El Monte, patrocinado por Bill McGuire Chevrolet. Pedro inmediatamente vio una oportunidad y se anotó. Fue una experiencia memorable para él porque el juez de los aficionados era Angelo González, el compositor de "La silla vacía" y "Sin fortuna".

Pedro no ganó, pero esos fueron los inicios.

En 1974 se juntó con otro cantante, Apolinar Hernández, y empezaron a cantar juntos, llamándose Los Arrieros. Pero de todos sus trabajos itinerantes, el más productivo para Pedro en el sentido musical, fue el de fotógrafo.

"Yo cantaba y componía pero nadie me escuchó", contó Pedro. En cambio, casi por accidente, empezó a tomar fotografías en un lugar llamado La Hacienda en Long Beach. "Primero me hice amigo de los dueños de la cantina, y ya después llegaba yo y los miércoles cantaban aficionados, y cuando no había aficionados el maestro de ceremonias decía, 'Ya no hay quién cante, entonces pongamos a cantar al fotógrafo.'" Llegó a tal punto que en los antros del área los clientes se acostumbraron a pedirle al fotógrafo que cantara.

Pero su parteaguas fue en 1984, el año de las Olimpiadas en Los Ángeles. Rivera, siempre empresario, tuvo la brillante idea de vender botones alusivos a los juegos por $1. Con el apoyo de su esposa y sus hijos, que ya sumaban seis, vendió 14.000 botones, y con el dinero grabó su primera producción discográfica, *Voy a bajarte una estrella*, con acompañamiento de mariachi.

"Precisamente los tiempos malos son los que te dan la energía, te dan la fuerza para seguir adelante, donde nacen las ideas y de donde empiezan a salir las cosas sin que lo esperes", dijo en una entrevista en *El Pelado de la Noche* por TV Azteca, explicando lo que pudo hacer cuando realmente no había con qué y evocando el mismo sentir que su hija repetiría tantas veces durante su vida. "Hay que hacer las cosas con ganas, con entusiasmo".

Lo que definitivamente nos dice la historia de Pedro es que a partir de 1984, su suerte musical empezó a cambiar, y por primera vez su nombre sonó de muchas maneras y en muchas partes. Pedro, que tanto había luchado por convertirse en alguien en el ámbito artístico, empezó a obtener pequeños roles como actor en películas mexicanas. Más importante aún, varios de los corridos que había compuesto fueron los temas de esas películas.

El trabajo de Pedro en el cine empezó al ser contratado como fotógrafo de fijas en la película *Asalto en Tijuana*. Ya en 1985 obtuvo una pequeña parte como actor en la película *La tumba del mojado*, con Humberto Luna, Miguel Ángel Rodríguez y Pedro Infante Jr. Y en 1986 nuevamente obtuvo un pequeño rol en la película *Verdugo de traidores*, con Mario Almada y Sergio Goyri. Además, Pedro escribió la canción "Verdugo de traidores", y en 1987 su tema "Camino al infierno" inspiró la película del mismo nombre, en la que actuaron Los Tigres del Norte y Sergio Goyri.

El momento culminante de esta etapa de Pedro Rivera fue en 1987, al crear su propio sello, Cintas Acuario. El ímpetu para hacerlo partió precisamente desde su trabajo como fotógrafo, cuando en una cantina conoció a un joven cantante llamado Genaro Rodríguez.

"Cintas Acuario empezó porque un muchacho que se llama

Genaro Rodríguez me regaló un máster que le produjo Paulino Vargas", contó Pedro en una entrevista en 2011 con su amigo, el actor Octavio Acosta. "El máster salió bajo Eco Musical, pero no tuvo éxito y le devolvieron el máster al artista. Y de ese máster en un estudio de fotografía me dijeron que podía sacar miles y miles y miles de casetes".

Con ese primer máster, Pedro produjo un casete de corridos, y de ahí en adelante, cuando tomaba una de sus famosas fotos en las cantinas, ofrecía a los clientes el casete junto con la foto. El negocio empezó a tener éxito y gradualmente otros artistas y grupos empezaron a entregarle sus másters para que Pedro vendiera sus casetes en las cantinas.

"Primero llegó el Chapo de Sinaloa en 1986. Después Los Razos en el '87, poquito a poquito empezó a trabajar la cosa", explicó Pedro a Octavio Acosta. "Nosotros no tuvimos quién escuchara, quién nos cuidara, quién ayudara. Todos andábamos algarete aquí en la calle y pues el que quedó se quedó. Como yo que quedé. La carrera que hice yo es más de tiempo que de talento. Es estar y estar y estar, ahí estás siempre hasta que encajas en algo".

Nunca fue fácil, y mucho menos al comienzo.

Pedro mandaba a hacer casetes de los entonces desconocidos artistas con los másters que le entregaban. Entregaba esos casetes a un distribuidor y lo que sobraba lo llevaba el fin de semana al mercado de pulgas local, donde vendía la música en un pequeño puesto.

Jenni y su hermano Lupillo siempre hablaron de la experiencia de vender música en el puesto de su padre en el Paramount Swap Meet, unas diez millas al norte de Long Beach. Allá iban a ayudar a su padre, no solo ellos dos sino toda la familia. Durante esos años, Jenni llegó a apreciar aún más la música mexicana. Ya había crecido con una dieta sólida de lo mejor del mariachi y la banda. Pero en el mercado de pulgas, ponía la música que se le antojaba mientras vendía, música de mujeres como Rocío Dúrcal, Lupita D'Alessio e Isabel Pantoja, grandes divas que influenciarían su estilo más adelante.

Fue en el *swap meet* que tanto Pedro como sus hijos empezaron a aprender del negocio de la música. Para Pedro, fue su vida desde el comienzo. Su negocio era cada vez un poco más legítimo, un poco más real y un poco más rentable. Ya no era, pues, sólo un sueño; podía ganar dinero con su pasión.

Claro está, miles y miles de personas sueñan con tener éxito con la música y trabajan duro para lograrlo. En el caso de Pedro Rivera, no fueron solo el trabajo y la pasión. Además de esos dos ingredientes esenciales, Pedro poseía un buen instinto para el negocio y un buen olfato para oler la posibilidad del éxito. El deseo de hacer y promover su propia música y la de otros artistas en los cuales veía posibilidades lo llevó a abrir Cintas Acuario. Pero una vez que tuvo montado su pequeño negocio también tomó varias decisiones que fueron cruciales para el éxito.

Pedro ya sabía que podía ganar dinero vendiendo casetes, y luego CDs. Lo había logrado como fotógrafo y lo había logrado en su puesto en el mercado de pulgas. Pero en sus comienzos, los artistas venían a él con un disco grabado que le regalaban a cambio de que se los vendiera. Pedro rápidamente se dio cuenta de que el verdadero negocio estaba en ser dueño de las grabaciones y no simplemente mercadearlas y venderlas. Esa filosofía la adoptarían años después sus hijos famosos: tanto Jenni como

Lupillo, a pesar de finalmente firmar con grandes sellos discográficos, jamás cedieron propiedad de sus grabaciones sino que las licenciaban a los sellos para que ellos las mercadearan y promovieran.

La segunda decisión que le fue crucial para el éxito consistió en reconocer y elegir qué talento y qué repertorio grabar. Cuando Pedro empezó con su sello, la música regional mexicana —como se la conoce en Estados Unidos— ya era el género de música latina más vendida del país. Pero la música regional mexicana "comercial", la que se tocaba en la radio, era más que todo mariachi, música norteña al estilo Los Tigres del Norte o música grupera romántica al estilo de Conjunto Primavera y Los Bukis. Pedro trabajó con artistas como Graciela Beltrán —quien más adelante se convertiría en una de las intérpretes femeninas de rancheras más importantes del país— y con el Chapo de Sinaloa. Pero también descubrió un subgénero ignorado: el corrido y dentro de él, el narcocorrido.

"Yo nunca había podido llegar a la radio", dijo Pedro en una entrevista con *Billboard* en 2009. "Y es por eso que en aquellos tiempos yo les decía a mis artistas: 'Tenemos que estudiar corridos, cantar corridos, porque los corridos nos pueden ayudar a vender música aunque no sepamos cantar. Mucha gente compra corridos por el contenido, no por quién lo canta'".

Uno de los primeros artistas con los cuales Pedro grabaría corridos fue con Chalino Sánchez, el joven cantautor de Sinaloa quien se convertiría en leyenda después de ser asesinado en México en 1992, con solo treinta y dos años de edad. Sánchez escribía e interpretaba corridos pesados alusivos al narcotráfico y a la violencia. De hecho, sus comienzos como cantante fueron escribiendo corridos por comisión para distintos personajes, incluyendo narcotraficantes.

Sánchez poseía cualidades que Pedro admiraba como músico: no cantaba bien, pero tenía una voz distintiva e inmediatamente reconocible; cantaba corridos que narraban verdades; y era totalmente genuino. No había nada fabricado en Chalino Sánchez; era un hombre del pueblo para el pueblo. Y al serlo, conectaba con la gente. En esos momentos, Pedro todavía albergaba sueños de estrellato. Pero al ver cómo despegaban las carreras de sus artistas, se dio cuenta de que quizás no era su momento y que más bien debía dedicarse a ayudar las carreras de otros.

"En aquellos años tomé una decisión", contó Pedro a *Billboard* en 2009, narrando una anécdota que repetiría en muchas entrevistas. "Cuando yo llevé a Chalino y a Graciela allá a un rodeo en Fresno, noté que tenían muchísima energía. Y dije, '¿Qué ando haciendo con estos muchachos?', porque éramos los tres. Y dije, o soy cantante o soy productor. Y me dediqué a ser productor".

Pedro Rivera se convertiría en quizás el productor más conocido e influyente de corridos de su generación. Y a medida que Pedro crecía como empresario, involucró más y más a sus hijos en el negocio. Entre ellos, Jenni era una pieza clave. Ya estudiaba administración de empresas y era buena con los números y con la gente, y podía moverse en distintas áreas.

Pocas personas que no están en el medio realmente conocen las vicisitudes y complejidades del negocio disquero. La esencia está en descubrir el talento, algo que Pedro hacía casi instintivamente; él tiene el don de reconocer las canciones y las voces distintivas que llaman la atención de la gente. Pero lo que sigue después es igualmente importante. Pedro abrió Cintas Acuario, con su propio estudio de grabación, para poder tener control del proceso artístico de principio a fin. Él mismo contrataba ingenieros, productores y músicos y grababa en su propio recinto. Contrataba fotógrafos y él mismo diseñaba las portadas de sus discos. A la hora de venderlos, empezó a licenciar sus grabaciones a grandes disqueras que típicamente pagan un adelanto y/o regalías por los derechos para comercializar una grabación. Pero Pedro era el dueño de las grabaciones, y *eso* era clave, pues si él trabajaba en el desarrollo de un artista, y ese artista sólo tenía éxito años después, podía entonces sacar una compilación y venderla.

"La disquera empezó a crecer y fue una sorpresa para todos", recordó Jenni en una entrevista con Susana Heredia para *TVNotas*. "Yo vendía casas y Lupillo trabajaba en restaurantes. Pero empezó a crecer y mi papá nos pidió ayuda y empezamos a trabajarle más mis hermanos y yo".

Jenni, a lo largo de sus estudios, y después de su trabajo como agente de bienes raíces, estaba involucrada en todos los aspectos de la disquera, de principio a fin. Ella y sus hermanos eran, en sus propias palabras, "mil usos", haciendo de todo un poco: de choferes, elaborando contratos con artistas y músicos, diseñando portadas de discos, tomando fotos, empacando, vendiendo, tomando órdenes, cobrando, distribuyendo, incluso tomando riendas de la promoción limitada que podían obtener como disquera independiente. Esta experiencia sería determinante más adelante para Jenni la artista. Ya para cuando se metió de lleno en la música, conocía el negocio igual o mejor que muchos disqueros.

"El que cantaba era yo y mis hijos me ayudaban", dijo Pedro en su entrevista con Octavio Acosta. "Yo a veces me llevaba a la Jenni a ver, a estudiar, a estudiar vocalización, y yo ni sabía que les gustaba lo que yo hacía. Y de repente un día contrato una banda para grabar y el cantante no vino, y se puso Lupillo a grabar. Ese fue el primer disco de él. Y me dijo, 'Papá, ¡ya grabé!' Y le dije, 'Pues sácate una foto y saca el disco'".

Ya en ese entonces, Lupillo trabajaba de lleno en Cintas Acuario, algo que Jenni nunca hizo, pues le iba bien con su negocio de bienes raíces. Lupillo, en cambio, no había hecho estudios universitarios y trabajaba haciendo tacos y burritos en un restaurante, hasta que Pedro, que necesitaba ayuda en la disquera que crecía día a día, le pidió que viniera a trabajar con él a tiempo completo.

Pedro le preguntó a su hijo cuánto le pagaban en el restaurante. Al enterarse que le pagaban $195 la quincena, le preguntó: "¿Si te pago más trabajas conmigo?". Y le ofreció $250 a la semana. Así fue que Lupillo aceptó el empleo en Cintas Acuario y se hizo jefe de ventas, del estudio de grabación y mucho más. "Aquí aprendió bastante", le dijo Pedro a Acosta. "Él aprendió qué se vendía y qué le gustaba a la gente". Un elemento clave para el éxito propio.

"'Había un cantante que se llamaba Chavo Sánchez que cantaba muy feo, y Lupillo dijo, 'No entiendo por qué lo piden tanto'", recordó Pedro en la entrevista con Octavio Acosta. "Y El Chavo ahí en ese disco trae un corrido que se llama 'El Moreño'. Y dijo Lupe, 'Pues lo voy a grabar'. Y grabó 'El Moreño' y lo empezó a promocionar por allá en el norte, y ese fue el éxito".

En cuanto a Jenni, no había cantado desde aquella instancia

cuando tenía once años de edad y se le olvidó la letra durante su presentación infantil en Long Beach. No volvió a cantar en público hasta 1993, cuando, ya separada de Trino, sus amigas la invitaron a salir a echarse unos tragos. Acababa de terminar una relación de ocho años que había empezado cuando solo tenía quince años de edad, tenía tres hijos y efectivamente había pasado toda su adolescencia siendo madre. Contaba con solo veintitrés años de edad pero era como si hubiera vivido cuarenta.

"Para ese tiempo no sabía qué era un baile, qué era salir y qué era divertirme", dijo Jenni en su entrevista durante la Conferencia Billboard de la Música Latina en 2012, la reunión anual de la industria de la música latina en Miami, donde convergen sellos, mánagers, programadores y artistas para tres días de reuniones y paneles. "Yo era mamá y estudiaba en el *high school* y en *college*. En 1993 a los veintitrés años no sabía lo que era el mundo. Llegan mis amigas por mí y me dicen pues vamos a salir, no puedes estar deprimida aquí en casa. Y me llevan a un lugar de baile que se llama El Rancho Grande en Carson, California. Y ahí descubrí lo que era la vida de noche, lo que era salir y lo que era el tequila *and that was the end of me*. Cuando me echaron unos tequilas y ya media *tipsy* mis amigas me retan a subir al escenario a cantar, yo media mareada dije, 'Pues bien. No me gusta que me reten, porque más quiero hacerlo'".

Después de años de no cantar, de seguir los consejos de su madre y estudiar una carrera en vez de ir con lo de su padre que era la música, se animó a subirse a otro escenario. Y esa noche, al terminar de interpretar la canción de Chalino Sánchez, "Nieves de enero", como bien explicó ella: "Me gustó el aplauso del público. Bueno, no era público. Era gente igual de borracha que yo", recordó riéndose. "Quizás no escuchaban bien". Pero la aplaudieron, y con esa ovación se le despertó un interés que previamente no había considerado.

Casi desde el momento en que había nacido su primera hija, Pedro Rivera quiso que Jenni fuera cantante. En 1993, con veintitrés años de edad, Jenni finalmente le dio el gusto. Su carrera de cantante había comenzado.

De oruga a mariposa

Aquella noche de 1993, cuando Jenni Rivera tomó el micrófono en El Rancho Grande y cantó "Nieves de enero", fue el momento en que dio el primer paso hacia su carrera musical. "Nieves de enero", una balada ranchera de Chalino Sánchez sobre un amor imposible, era la música de moda, pues Chalino había sido asesinado el año anterior, y todas sus grabaciones habían sido redescubiertas por un público ávido que ahora compraba sus discos más que nunca. Jenni, por supuesto, conocía a Chalino, quien por mucho tiempo grabó para Cintas Acuario y, más que ningún otro artista, había demostrado las grandes posibilidades comerciales que tenían los corridos bravos.

El tema que interpretó Jenni aquella noche de farra fue un tema de Chalino romántico, no un corrido, donde la letra dice: "Se ha llegado el momento chatita del alma de hablar sin mentiras, esperé mucho tiempo pa' ver si cambiabas y tú ni me miras", y la reacción positiva del público la impulsó a dar sus primeros pasos como artista. Ya para ese entonces, Cintas Acuario era una disquera establecida, de nombre, éxito y facilidades. Jenni finalmente decidió usar el lugar y darle a su padre lo que siempre había soñado: un disco.

Jenni grabó un álbum de canciones tradicionales con sus hermanos Pedro, Gustavo y Juan, y le pusieron de nombre *La Güera Rivera con banda*. No pasó nada con este, pero Jenni no esperaba nada tampoco. A partir de ese 1993, cada año grababa un disco y se lo regalaba a su padre, simplemente porque quería hacerlo y porque lo hacía feliz.

Mientras tanto, Jenni seguía vendiendo sus casas y ayudando a su padre en Cintas Acuario cuando podía. Pedro, a la vez, empezó a construir el catálogo de su hija. Aunque no pasaba nada importante todavía con su carrera artística, él sabía que era cuestión de tiempo. En 1994, Jenni repitió su fórmula de grabar clásicos con sus hermanos en el álbum *Con Los Viajeros del Norte*. Esos primeros discos de Jenni tienen en su portada fotografías de una mujer con una sonrisa contagiosa y mejillas llenas que la hacen lucir aún menor a sus veintitrés o veinticuatro años. Es una cara abierta y cálida, de amiga, de compinche, la misma cara que cautivaría a su público durante el resto de su vida. En esos primeros años, la empatía era palpable, incluso cuando en 1995 se puso el sombrero norteño negro, que desde ese momento indicó que esta niña era de armas tomar.

En 1995, la radio regional mexicana en Estados Unidos era ecléctica. Estaba dominada por música de artistas tejanos como Selena, Michael Salgado y Mazz; por norteños como Los Tigres del Norte e Intocable; y por gruperos románticos como Los Temerarios, Los Palominos y Bronco.

No había un corrido pesado en ninguna emisora comercial. Sí, había grupos como los icónicos Tigres del Norte que cantaban narcocorridos, incluyendo el famosísimo "Camelia la tejana".

Pero su letra y vocabulario nunca tuvieron el grado de detalle y realismo que manejó Chalino Sánchez, quien había vivido mucha de esta violencia en carne propia y no tenía pelos en la lengua a la hora de contarlo. Tanto así que Chalino Sánchez jamás entró a ninguna de las listas radiales de Billboard. Y en sus comienzos, Jenni Rivera tampoco. Pero a mediados de la década de los noventa se estaba viviendo un cambio general en el Sur de California, y en Los Ángeles en particular. Una nueva generación de mexicanos empezaban a figurar en los medios, en el entretenimiento y en el entorno en general. Eran hijos de inmigrantes, hablaban español e inglés con igual facilidad y celebraban su ancestro mexicano al mismo tiempo que acogían las modas de los Estados Unidos. Estos mexicanos andaban en los famosos *lowriders* (los autos clásicos méxicoamericanos que se modifican para andar a un nivel más bajo que un auto normal y poder hacer distintos movimientos), escuchaban rap y hip-hop en inglés y banda y mariachi en español y vestían jeans flojos con sombreros mexicanos. Eran un verdadero híbrido cultural, tal como lo eran Jenni, Lupillo, Juan, Pedro Jr. y Gustavo Rivera.

La cultura de la calle siempre antecede a la cultura popular y el caso de los Rivera, vanguardistas por excelencia, no fue diferente. Los corridos que promovía Pedro Rivera en Cintas Acuario y que empezaron a cantar Lupillo y Jenni Rivera quizás no se escuchaban en la radio a nivel nacional, pero sí se escuchaban en las calles de Long Beach, Los Ángeles y sus alrededores. Aquí, los nuevos latinos eran muy distintos a los cubanoamericanos de Miami o los puertorriqueños y dominicanos de Nueva York. En el Sur de California, la nueva cultura latina de la calle estaba más arraigada a la tradición mexicana, pero a la vez estaba totalmente influenciada por la cultura espontánea y colaborativa del rap y el hip-hop de la calle, incluyendo la afinidad en temas de violencia y pandillas.

Dentro de ese ambiente, gradualmente, disco a disco, los hermanos Rivera empezaron a adquirir un nombre y un buen número de seguidores.

La madre y primera dama del corrido

En 1995, Jenni compuso su primer corrido, "La Chacalosa", una historia con gran lujo de detalles de la hija de un traficante de drogas que entra en el negocio. La letra comienza así: "Me buscan por chacalosa/soy hija de un traficante/ conozco bien las movidas/me crie entre la mafia grande".

Era un tema arriesgado y sorprendente, pues ninguna mujer hasta ese momento cantaba ni escribía corridos, y mucho menos narcocorridos.

"Lo compuse yo para estar incluida con todos los hombres que cantaban corridos en ese tiempo. Pensando en vender discos, pensando en ser diferente. Entonces sí, claro que sí habían críticas, pero creo que era la manera en la cual la vida me enseñaba a mí que me iban a criticar pero de todas maneras iba a seguir de pie. Y así he seguido desde entonces", puntualizó Jenni en *Estudio Billboard* en 2010.

Jenni quería ser diferente y lo logró. Desde los comienzos de la tradición del corrido, las mujeres han sido tema de las canciones y hay mucho corrido que cuenta la historia de traficantes con falda y pistola. Pero esas canciones casi siempre habían sido cantadas por voces masculinas, y aunque algunas pocas cantantes femeninas habían cantado narcocorridos —como Dueto Amapola, Las Potranquitas y la popular "Alondra de la frontera"

Lydia Mendoza— ninguna realmente había logrado hacer de eso una carrera.

Jenni Rivera no era hija de narcotraficantes pero entendía el mundo de los personajes que habitan los narcocorridos; después de todo, Cintas Acuario había sido la casa de Chalino Sánchez, del Chapo y de Los Razos —algunos de los más famosos exponentes del corrido— para muchísimos discos. En otras palabras, Jenni tenía credibilidad.

Y "La Chacalosa" funcionó porque sonaba real. Cuando el oyente escuchaba estrofas como "Cuando cumplí los quince años no me hicieron quinceañera/me heredaron un negocio que buen billete me diera/celular y también beeper para que todo atendiera", no era difícil imaginar esta historia en la voz contundente y agresiva de Jenni Rivera. Cuando en la canción aludía a lugares como El Parral, El Farallón y La Sierra, estaba haciendo referencia a los lugares reales del Sur de California donde cantaban Chalino y El Chapo y se reunían los amantes del corrido. "Precisamente gracias a su álbum *En vivo desde El Farallón*, Chalino Sánchez estableció a Los Ángeles como un nuevo epicentro del corrido a mediados de los años noventa", explicó el profesor Juan Carlos Ramírez-Pimienta de San Diego State University en un ensayo sobre el género titulado: "Sicarias, buchonas y jefes: perfiles de la mujer en el narcocorrido".[*]

Jenni no había vivido la violenta historia de Chalino pero podía cantar esas historias con autoridad. Venía del barrio, de las calles. Conocía lo que eran las pandillas y el trabajo y el no tener nada, al igual que conocía la importancia de la familia, el honor y los códigos. Además, en un momento en el cual las ar-

[*] Publicado en el Vol. 8–9 (Otoño 2010–2011) de *The Colorado Review of Hispanic Studies*.

tistas femeninas eran mujeres de caritas bonitas y cuerpos escul-
turales que cantaban tiernas canciones de amor y desamor, Jenni
era real. Con su mirada abierta su sonrisa fácil y su cuerpo curvilíneo, Jenni no era una estrella artificial; era la amiga, la prima,
la hermana. Cuando les decía a sus hermanas de las calles de
Los Ángeles que su regalo de quince no había sido una quinceañera sino el negocio y el beeper, el mensaje tenía un gran
atractivo prohibido. Y en Estados Unidos, donde la juventud
mexicana vivía y actuaba con más libertad, ese mensaje podía
ser dado por una vocera femenina; claro, como dijo la misma
Jenni, las críticas eran inevitables, pero al mismo tiempo, encontró un público ávido.

Tan ávido que Jenni se empezó a identificar como "la primera
dama del corrido", y una disquera multinacional, Sony Discos,
licenció su álbum *Reina de Reinas*, una colección de canciones
dentro del género, muchas escritas por Jenni misma.

El recibimiento fue tal que las emisoras locales empezaron a
tocar sus corridos. Un jugador clave para lograr esto fue La Que
Buena (KBUE), una emisora de música mexicana que surgió en
1995 y que tocaba lo que otras emisoras comerciales no se atre-
vían a tocar: corridos, narcocorridos y nuevos artistas. Por esta
razón, La Que Buena y su programador, Pepe Garza, fueron de
los primeros en apadrinar a Jenni Rivera y su música.

Quien primero le llevó la música de Jenni, recordó Garza en
una entrevista televisiva, fue su padre, Pedro Rivera. Sin embargo
en ese momento, al que realmente estaban empujando era a
Lupillo, quien con su voz profunda se diferenciaba de todos los
otros corridistas "chalinistas" que buscaban imitar al difunto
Chalino Sánchez. Pero un día, estando en La Que Buena, "Pe-

dro Rivera me presentó un disco y dijo: 'Fíjese que mi hija también canta'. Y empezó a gustar", dijo Garza. "Yo en un principio dudaba porque las mujeres no tienen mucha suerte en el regional mexicano. Pero empezó a convencer a su publico".

A todas estas, Jenni seguía con sus negocios de bienes raíces. Después de todo, tenía tres hijos que mantener y en ese momento estaba lejos de ganarse la vida haciendo música... hasta que su música empezó a sonar en la radio.

"Y en 1999, en Compton, California, manejando a unos clientes a ver una casa, escuché mi música en la radio en la KBUE en Los Ángeles", contó Jenni en una entrevista durante la Conferencia Billboard de la Música Latina en abril de 2012. Lo que sonó en su auto ese día fue "Reina de reinas", un corrido de la autoría de Vicente Estrada que cuenta la historia de una narcotraficante y empieza así: "Yo soy la reina de reinas y soy del mero Jalisco/Mi corona es de la blanca, de esa que llaman perico/ Y la cargo a todas partes, no le sacateó al peligro".

"Tenía un Pontiac que se le calentó el motor, entonces, cuando sonó la canción mis clientes estaban empujando el carro porque se paró en la mitad de la calle", recordó Jenni. "Y yo estaba manejando y tenía la radio prendida y fue cuando escuché mi canción".

Cuando Jenni empezó a ser escuchada por la radio todos los días por miles de personas, su carrera musical dio otro giro. Seguía vendiendo bienes raíces. Tanto así, contó Garza, que "una vez junté a Jenni y a Graciela Beltrán en una entrevista y Graciela le dijo, 'La última vez que te vi me estabas vendiendo una casa'". Pero a medida que empezó a sonar, y más importante aún, que empezó a gustar, las cosas cambiaron.

"Al rato me empezaron a llamar a *nightclubs* locales para salir a cantar", contó en la entrevista. "Y decían que me pagaban, no sé, cincuenta, sesenta, setenta dólares para cantar unas canciones. Y dije, 'Con eso me compro unos frijoles, un arroz, unas tortillas, la comida para el almuerzo y regreso a casa y me divierto un poco. Y fue ahí donde empezó a crecer el interés, y dije, 'bueno, me dedicaré a esto un par de años', y aquí me tienes, desde 1999 dedicándome a cantar". Y así cambió su profesión.

Solo sé de amor

En retrospectiva, uno se pregunta por qué Jenni no se dedicó de lleno a la música mucho antes, dado que tenía todos los elementos para hacerlo: la voz, el sello, los músicos, su padre, la credibilidad. Pero Jenni era una mujer de muchas facetas. Por una parte, era una mujer educada de negocios y tenía muchas opciones. Por otra parte, era mamá y siempre consideró que su primera obligación eran sus hijos. No iba a tomar un camino que no le permitiera cuidar bien de ellos.

A su vez, Jenni también era una mujer que se enamoraba. Pero en esta área no parecía tener buena suerte. Su primer compañero fue Trino, con quien tuvo una experiencia por demás problemática y dolorosa. Ahora, a principios de los años noventa, Jenni tenía tres hijos y era la persona responsable de criarlos y mantenerlos. Era un trabajo duro y, sin duda, un padre para sus hijos hubiera sido bienvenido.

En 1995, Jenni conoció a quien parecía ser la persona perfecta. Una noche, cantando en un bar, se volvió a enamorar. Las cosas empezaron bastante bien. De hecho, Rivera le contó al diario *La Opinión* en una entrevista en 2003, que cuando conoció a Juan López, fue amor a primera vista. "Juan y yo nos conocimos un 25 de febrero de 1995 en El Farallón de Lynwood", dijo Jenni. "Fui a ver a un amigo cantar. Yo no iba a cantar, pero

cliente] del lugar me pidió que le cantara 'La Chacalosa'.
e subí al escenario y fue cuando Juan se dio cuenta que yo
estaba ahí".

López sabía bien quién era Jenni y aprovechó el momento
para tomarse una foto con ella. Pero no fue suficiente. Al terminar el concierto, la esperó en el estacionamiento para invitarla a
cenar. Jenni no aceptó, pero le dio su número de teléfono.

Empezaron a salir, pero al poco tiempo, las autoridades fede-
rales arrestaron a López, acusándolo de pasar inmigrantes ilegales de México a Estados Unidos, y lo sentenciaron a seis meses
de cárcel. Esta era precisamente la época en que la carrera de
Jenni apenas comenzaba a despegar, cuando alternaba entre
grabar discos que tenían poca repercusión y vender casas. Cuando
López recuperó su libertad en 1997, Jenni volvió a juntarse con
él y al poco tiempo quedó embarazada. Jenni había encontrado
su amor y estaba feliz. El 9 de junio de 1997 Jenni Rivera se casó
con Juan López, ambos profundamente enamorados el uno del
otro, y el 3 de octubre de ese mismo año nació Jenicka Priscilla
López.

Todo parecía marchar bien, pero menos de un año después
de casarse, su nuevo amor, su esposo, le fue infiel. A raíz de eso
se separaron, pero Jenni añoraba esa vida de familia para sus hijos y decidió darle otra oportunidad a la relación.

Pese a lo enamorada que estaba de Juan, Jenni admitió en
una entrevista con *La Opinión* que los problemas entre ella y el
que sería su esposo en realidad empezaron a los tres meses de
noviazgo. Aun así, estaban tan enamorados que decidieron seguir juntos y casarse.

"No podíamos dejarnos a pesar de los problemas", dijo Jenni

en esa ocasión. "Nos perdonábamos muchas cosas por el cariño que sentíamos y yo siempre pensé que podríamos mejorar la situación. Luché mucho por mi matrimonio y quería que funcionara".

A partir de 1999, su carrera comenzó a crecer y, con todo lo que eso implica, Jenni logró balancear sus tres vidas: esposa, madre y artista en desarrollo. Lo hizo por varios años, y el 11 de febrero de 2001 tuvo a su quinto y último hijo, Johnny Ángel López. Pero ya para entonces el matrimonio empezaba a desbaratarse del todo.

La prueba más dura

El año 1997 empezó como un gran año para Jenni Rivera. Estaba enamorada de Juan López y esperaban una niña juntos. Además, la carrera musical de Jenni iba en ascenso; cada día era más famosa. Pero en medio de esta felicidad, Jenni enfrentó la que quizás sería la prueba más dura de su vida. Ese mismo año, se enteró de que Trino, su primer esposo y el padre de sus tres primeros hijos, había abusado sexualmente de su hermana Rosie, y luego, para su grandísimo horror, de su propia hija mayor, Chiquis.

"Cuando yo me di cuenta en 1997 que el papá de mis hijos había hecho esto, yo lo quería matar", contó Jenni en una entrevista por televisión con Susana Heredia de *TVNotas*. "Quería agarrarlo a batazos porque no tenía pistola. Pero estaba esperando a Jenicka. Entonces no me quedaba más que aguantarme. Mi hija nació un poco antes, por el estrés, por las hormonas".

El abuso sexual es un tema tabú en todas partes, y quizás aún más en sociedades machistas y tradicionales como la latina. Para Rivera, reconocer y enfrentar lo que había sucedido fue demoledor y necesario. El valor que demostró al hablar públicamente de algo tan doloroso y tan dañino para sus seres más queridos también llegaría a definir a la artista y persona en la que se convertiría. Jenni jamás le quitó la cara a ninguna pregunta, controversia, chisme o acusación. Después de afrontar una de las situaciones más difíciles que puede afrontar una persona —especialmente una madre— no le tenía miedo a nada. Jenni no solo confrontó lo que le había sucedido, sino que habló públicamente de ello y, para rematar, hizo lo posible por castigar al responsable. Al enterarse de lo sucedido, y a pesar de que todo había pasado años antes, fue inmediatamente a las autoridades e interpuso una orden de restricción para que Trino no pudiera acercarse más a sus hijos. El siguiente paso fue capturar a su ex pareja, quien al enterarse de que sus víctimas finalmente lo habían acusado, desapareció. Tomaría casi diez años encontrar a Trino, capturarlo y llevarlo a juicio. Jenni no descansó hasta no cumplir ese objetivo.

En una entrevista en *TVNotas* Susana Heredia le preguntó de dónde había sacado el valor para persistir en su misión quijotesca, y ella respondió con la honestidad que la caracterizaba: "La realidad es que una persona que le hace este tipo de daño a los niños no lo hace nomás una vez. Y yo fui estudiando a través de esos nueve años que él estuvo prófugo. Estudié las características de esas personas que abusan a los niños. Son personas enfermas, que no se miden. Yo sentí que era mi responsabilidad si yo lo había vivido y que más o menos lo estaban superando mis hijos y mi hermana. Teníamos que ser un ejemplo. Especialmente con un tema tabú que no se toca. Existe mucho. Es algo muy triste".

A lo largo de los años, tanto Jenni como Rosie y, en menor grado, Chiquis, hablaron abiertamente de lo que sufrieron a manos de Trino. A menudo dijeron que tocaban el tema públicamente para ayudar a otras mujeres que pudieran estar pasando por el mismo sufrimiento. En una entrevista particularmente profunda, las tres mujeres y Jacquis tocaron el tema con Charytín, la anfitriona del programa *Escándalo TV*. En este, Jenni contó cómo se dio cuenta de que Trino abusaba de su hija y de su hermana.

"Esto es lo más difícil que he vivido en mi vida", dijo Jenni en esa ocasión. "Ya teníamos cinco años de separados, y él cinco años de ver a mi niña los fines de semana. Yo tenía una intuición y se lo dije a Rosie, sentía que algo no estaba bien y se lo pregunté".

Rosie, la hermana menor a quien Jenni adoraba con toda su alma, fue abusada sexualmente por Trino de los siete a los once años de edad. Nacida en 1981, Rosie era mucho más pequeña que Jenni, y por supuesto, mucho más vulnerable.

Años después, para superar lo que le sucedió, Rosie se dedicó a estudiar la Biblia y la palabra de Dios (su página de Facebook indica que es graduada del Angelus Bible Institute) y hoy en día habla frecuentemente de su experiencia y de cómo perdonar y seguir adelante.

"Yo pensé que tenía que guardar el secreto", dijo en uno de estos sermones que dio en 2011, y que fue publicado en YouTube en octubre de 2012 con la siguiente descripción: "Describe cómo el abuso sexual a los 7 años la dejó lisiada de los pies como Mefiboset de la Biblia. Después de 18 años de dolor, depresión y trauma de que nadie se casaría con ella, Dios la redime y le da una boda de princesa. Vea las fotos mientras escucha la redención de una niña abusada. Dios también te puede devolver todo lo que te han robado".

En el sermón, dividido en dos videos diferentes, se escucha la elocuente voz de Rosie hablando mientras se ven imágenes de los preparativos de su boda. Rosie empieza su discurso pidiendo a las personas que lean un pasaje de la Biblia y después comienza a hablar de su propia experiencia como sobreviviente de abuso, recordando lo que sentía cuando solo era una niña aterrorizada.

"Una niña de nueve años pensó que ella tenía que salvarle la vida a su hermana", dijo. "Este hombre cuando abusaba de mí, me amenazó que si yo hablaba él iba a matar a mi hermana. Mi hermana era mi héroe, mi mejor amiga, era todo lo que yo quería ser".

Por eso fue que Rosie se mantuvo callada por varios años, hasta que cumplió once y el abuso paró. Para ese entonces, Jenni se había separado de Trino, y este había empezado a abusar de su propia hija, Chiquis.

"Después de que Jenni y él se separaron, él siguió haciéndole lo mismo a Chiquis. Yo sentía que Chiquis lo odiaba y no sabía por qué. Después me enteré que le hacía lo mismo que a mí", dijo Rosie en la entrevista de *Escándalo TV*.

Si Rosie tenía miedo de hablar sobre el abuso vivido, Chiquis, quien era aún más pequeña, estaba aterrorizada. Trino, después de todo, era su propio padre. De hecho, dijo Chiquis en *Escándalo TV*, que al comienzo ella no entendía qué pasaba.

"Yo no sabía que eso estaba mal hasta que en el colegio nos comenzaron a hablar de sexo y entonces entendí", contó. "Durante el día", su padre era "muy cariñoso, muy juguetón". Pero en las noches le tenía miedo.

Hablarle a su mamá parecía imposible. Cuando Charytín le preguntó en *Escándalo TV* por qué no le contó antes a Jenni, ella contestó: "Porque conozco el carácter de mi mamá, y sabía que lo mataría. Y entonces pensaba, ¿qué iba a hacer con mi mamá en la cárcel y mi papá muerto? ¿Con quién me iba a quedar yo?".

Para Jenni, descubrir esta verdad fue devastador. Su vida giraba alrededor de su familia, especialmente de sus hijos y de su hermana, que era como una hija. Al comienzo, no reaccionó bien e incluso, admitió en *Escándalo TV*, contempló el suicidio por segunda vez en su vida.

"Mi hermana era mi vida y me sentía culpable de lo que le había pasado", explicó Jenni. "Luego me doy cuenta que a mis hijas también y me dice el doctor que a la chiquita Jackeline le pasaba desde los cuatro años, bien chiquita. Ella lo bloqueó en su mente. Yo no dormía. Me quedaba en un sofá con un cuchillo esperándolo".

A pesar del trauma vivido, Jenni no se quedó de brazos cruzados. Fue a las autoridades y acusó formalmente a Trino de abusar de sus hijas y su hermana. Pero antes de que se lo pudiera cuestionar en el asunto, Trino se escapó, convirtiéndose en prófugo de la ley. Tomaría años capturarlo y enjuiciarlo, pero mientras tanto, Jenni y su familia empezaron el arduo camino de superar lo sucedido.

Cuando Charytín le preguntó a Chiquis qué consejo le daría a otras personas que sufren abuso sexual, Chiquis contestó claramente: "Hablen con alguien, no saben la liberación que se siente. Háganlo para ayudar a otras personas que también están pasando por lo mismo".

Lo sufrido a manos de Trino afectó a Jenni para siempre y de mil maneras. La volvió una mujer más fuerte, más determinada, más protectora de los suyos. Sus hijos siempre habían sido el centro de su existencia y el saber que habían sido lastimados le dio un nuevo propósito y una nueva responsabilidad. Nada así volvería a pasar, nunca. A lo largo de los años, Jenni hablaría muchas veces de lo que significaba ser una sobreviviente de abuso, y la experiencia la llevó a crear la Jenni Rivera Love Foundation en 2005 para ayudar a familias y mujeres abusadas.

Pero mientras su vida personal se deshacía en mil pedazos, su carrera seguía ascendiendo. Y lo que le sucedía, sus amores, sus desamores, sus tragedias, sus retos, sus enfados, sus rencores, sus venganzas, sus triunfos, sus logros, su felicidad, todo, Jenni lo plasmaba en sus discos y en sus canciones. Era, como bien decía ella, un libro abierto.

Nace la Mariposa Guerrera

En 1999, en medio de su trauma con Trino y su separación y reconciliación con Juan López, Rivera firmó un contrato disquero —una licencia, como siempre hacía— con Fonovisa, el principal sello disquero de música regional mexicana del país. Su primer álbum fue *Que me entierren con la banda*, que incluía varios temas escritos por Jenni: "Que un rayo te parta", "Solo sé de amor" y el que sería el primer sencillo, "Las Malandrinas".

"Las Malandrinas", como bien dijo el profesor Juan Carlos Ramírez-Pimienta de San Diego State University, está dedicado a las mexicanas en Estados Unidos con gusto por la cultura popular, y así lo refleja la letra de la canción, con frases como: "En los salones de baile siempre pedimos corridos/No somos como las popis que se paran mucho el cuello/nos gusta la rancherada de nada tenemos miedo".

De hecho, toda la letra de la canción es divertida y exactamente el tipo de letra con la cual una juventud latina y poco representada se podría identificar. Pero el video de Las Malandrinas era bastante más fuerte. Dirigido por Danny Suárez y producido por el propio Pedro Rivera para sus Cintas Acuario, podría ser un video de música urbana —de aquellos que muestran la vida en el barrio— pero protagonizado por jóvenes mexicanas en las calles de Los Ángeles que beben, se roban discos de pequeñas tiendas, se van de fiesta y son agresivas con las "Popis", las niñas bien y arregladitas; en un momento, por ejemplo, a la salida de la tienda de discos, las Malandrinas agarran a una de las Popis, la atan de manos, la amordazan y la tiran dentro de la cajuela de un auto rumbo a una fiesta. Más allá del contenido mismo, que causó bastante controversia en los programas de televisión, las Malandrinas de este video no eran bellas modelos. Eran claramente las chicas del barrio, de todos los colores, formas y sabores, vistiendo ropa barata, tatuajes y maquillaje pesado.

"Las Malandrinas son las 'chicas malas' pero no en el mal sentido de la palabra o de una forma negativa", dijo Jenni a *Billboard* en 2012. "La escribí como un homenaje a mis fans mujeres. A las chicas que van a los clubs, que toman tequila y que se defienden solas. La canción explotó. La gente se interesó. En ese momento realmente nació Jenni Rivera como artista. Porque no hay mejor forma de llamar la atención que llegarle a las mujeres. Yo soy mujer. Yo entiendo cómo somos. Hay más mujeres en el mundo que hombres y siempre pensé que ese era mi mercado. Ellas son las compradoras y las personas que me entienden. Por eso he seguido escribiendo canciones así".

Ahora, recordemos por un instante en qué consistía el panorama musical de los años 1999 y 2000. Las artistas femeninas famosas eran Thalía, Paulina Rubio, J-Lo, Shakira y Pilar Montenegro. Los videos estaban diseñados para capitalizar al máximo el considerable sex appeal de estas mujeres. En cuanto al ámbito regional mexicano, las estrellas femeninas eran escasas y no se parecían en nada a Jenni: Graciela Beltrán, Jennifer Peña, Ana

Gabriel y un poco más allá, Paquita la del Barrio. No importaba en qué dirección se mirara, Jenni Rivera y su música podrían haber sido de Marte.

Pero para las mujeres mexicoamericanas de Los Ángeles y sus alrededores, Jenni Rivera no era de Marte. Al contrario, era la primera artista que se parecía a ellas. En Jenni Rivera, se vio reflejado un gran grupo de mujeres, de la misma forma en que tantas chicas mexicoamericanas se habían visto reflejadas en Selena diez años atrás. Pero Jenni tenía varios retos por delante. Como bien dijo Pepe Garza, en el ámbito regional mexicano las artistas femeninas eran —y de hecho, son— escasas. Pero Jenni tuvo un golpe de suerte crucial: logró firmar con Fonovisa, una disquera que vio en ella lo mismo que veía su creciente número de fans. Jenni empezó a sacar sus discos con ellos en 2000 y nunca se fue (aunque permanecería dueña de sus másters).

"Firmé con Fonovisa por primera vez en el año 2000 porque los otros sellos disqueros no tuvieron interés en promover mi música y no miraban futuro en mi carrera artística", dijo Jenni hace unos años cuando su disquera celebró sus veinticinco años de existencia. "Les llevé el tema 'Las Malandrinas' y ellos creyeron en mí". Fonovisa, agregó Jenni en ese momento, tenía visión. "Ellos ven más allá del presente. Piensan en lo que los artistas les podemos dar a futuro y en que podemos crecer y evolucionar como artistas".

Fonovisa era —y sigue siendo— el sello disquero más grande en el género regional mexicano y la casa de artistas como Los Tigres del Norte, Marco Antonio Solís y Banda El Recodo. Tenían artistas mujeres, pero ninguna que se pareciera remotamente a Jenni Rivera, empezando por el hecho que Jenni cantaba corridos. En Jenni Rivera veían una artista nueva, diferente, emocionante. Había posibilidades.

Irónicamente en su apogeo en el momento de su muerte, las mismas características que en algún momento hicieron que otros dudaran de su éxito eran las que ahora celebraba su sello.

"Jenni, al ser nacida en Estados Unidos, como primera generación de inmigrantes ilegales, tiene mucho significado en cuestión de una carrera con esa naturaleza, con ese origen", dijo a Billboard Víctor González, presidente de Universal Music Latin Entertainment —la disquera a la cual le pertence Fonovisa— después de la muerte de Jenni. "Al ser mujer, al siempre tener los valores de familia, al siempre estar protegiendo a los suyos, te da un perfil muy particular de mucha gente, muchas mujeres, muchas madres que pasaron por muchas situaciones semejantes. Y es muy trascendente".

Hoy, cuando miramos atrás a la historia de Jenni y hacia adelante a su legado, nos damos cuenta de cuán trascendente es su condición. Pero cuando Jenni empezaba, las cosas no estaban tan claras. El haber tomado la decisión de no esconder quién era sino más bien de celebrar su identidad y confrontar públicamente sus problemas y obstáculos fue un riesgo, y un riesgo bien grande. Pero la adversidad fue lo que le dio fuerzas. Quizás sin esa adversidad no hubiera logrado el nivel de fama que alcanzó.

"No decidí ser cantante hasta escuchar a tanta gente de la industria criticar lo que yo quería hacer. Y yo no quería hacer nada. Simplemente era mi pasatiempo grabar música", dijo Jenni en su entrevista en la Conferencia Billboard en abril de 2012. "Cuando escuchaba tanta negatividad, que una madre soltera, y una mujer con el físico de Jenni Rivera, que no podía lograr nada en la música. En aquel tiempo y todavía —pero más en aquel tiempo porque ya han visto que perdieron mucho dinero— las disqueras fabricaban artistas. Las encontraban bonitas en la calle y les decían: 'Tú vas a grabar esto y métete esto en tu corazón'. Y por eso no vendían nada. Pero gastaban $80.000 en un video y en uno no gastaban nada. Yo no era esa artista fabricada. Yo era una mujer real que cantaba lo que yo vivía. Y daba la casualidad que las que me escuchaban a través de la radio o en los discos que vendían en los *swap meets* vivían lo mismo que yo vivía y esa era la conexión. Y fue por eso que me quedé de cantante. Nada más para demostrar que podía lograrlo. Yo pensé que lo iba a lograr en dos años, y fue la mentira más grande porque han pasado quince años en esto".

Rumbo al estrellato

El año 2001 fue trascendente para Jenni Rivera. Después de una breve separación de su esposo Juan López, había vuelto con él y el 11 de febrero nació su hijo Johnny Angel López.

A la vez, Jenni estaba empezando seriamente a despegar como artista. Aunque los medios todavía se referían a ella como la hermana de Lupillo Rivera —quien en ese entonces ya estaba establecido y vendiendo como pan caliente en Sony— era claro que Jenni también tenía el potencial para llegar lejos. A la vez, la vida y las andanzas de Jenni ya empezaban a despertar curiosidad y en los medios rondaban preguntas sobre su familia, sus antecedentes, sus supuestas rivalidades con Lupillo (que no existían; Lupillo y Jenni siempre mantuvieron una relación singularmente estrecha) y sus relaciones amorosas. Claro está que a sus treinta y un años de edad, Jenni sabía defenderse. Empezaba a darse cuenta de que no importaba qué hiciera o dijera, alguien en alguna parte iba a tener una opinión al respecto, y estaba dispuesta a enfrentar esas opiniones.

La primera canción de Jenni Rivera en entrar al ranking del éxito de Billboard fue "Querida socia" en abril de 2001. Era un tema de banda con una letra decididamente controversial: dos mujeres compartiendo el mismo hombre; una de ellas es la "legítima" con la cual el hombre va a contraer matrimonio, y Jenni es "la otra" que planea continuar su relación aun cuando su amante esté casado. En una frase memorable, Jenni canta: "Quédate con tu traje de novia, yo me quedo con la cama/Nada más un detalle: Tú le lavas la ropa, yo nomás se la quito".

"Querida Socia" fue escrita por Manuel Eduardo Toscano, el compositor veracruzano que ya para ese entonces era reconocido como un verdadero creador de éxitos en el ámbito regional mexicano y escribía regularmente para artistas como Vicente Fernández y Los Tigres del Norte. Toscano también era el compositor de cabecera de Paquita la del Barrio, y tenía claro qué canciones funcionaban para un público femenino. "Querida socia" parecía haber sido diseñada para Jenni, pues en ella se ponía en el lugar de tantas mujeres que también eran las otras y, a la vez, de otras tantas que habían sufrido desengaños.

Jenni cantaba la canción con humor y con personalidad, y a la hora de hablar sobre el tema, hacía lo mismo, demostrando que ya hacía diez años entendía perfectamente cómo desenvolverse con los medios. Cuando *La Revista Perrona* la entrevistó en marzo de 2001, por ejemplo, le preguntaron a quién representaba en la canción: a la que lavaba la ropa o a la que la quitaba.

"Ay güey, pues está cañón, ¿no?" respondió Jenni, y es fácil imaginarla diciendo esas precisas palabras. "Yo creo que toda mujer puede ser, si quiere, un poquito de las dos. El ser la otra no es muy bueno que digamos, ¡pero creo que se siente más feo estar de mensa lavando la ropa y que el [otro] vaya con otra y se la quiten! ¡¡¡Yo prefiero quitarla!!!".

"Querida socia" fue el primer sencillo de *Déjate amar*, el álbum debut de Jenni con Fonovisa, y su salida coincidió con el nacimiento de su hijo menor, Johnny Ángel López. La cercanía de las fechas contribuyó a que Jenni no pudiera promover su álbum a todo dar. Sin embargo, el 21 de abril de 2001, "Querida socia" hizo su debut en el listado Regional Mexican Airplay (Radio Regional Mexicana) de Billboard, el cual hace el ranking de las canciones por número de tocadas en todas las radios de música regional mexicana del país. "Querida socia" entró en el número 25 y una semana después logró su posición más alta en el número 18. Permaneció un total de dieciocho semanas en el ranking. Por su parte, *Déjate amar* no entró nunca a los listados de ventas de Billboard, en parte porque con el nacimiento de su hijo, Jenni no pudo llevar a cabo un horario adecuado de promoción. No obstante, Jenni ya estaba en el radar de los medios, tanto que la revista *Billboard* reseñó el álbum a su salida, ya augurando que Jenni tendría un porvenir brillante:

Déjate amar
Jenni Rivera
Productor: Pedro Rivera
Fonovisa FPCD10125

En su debut con una multinacional, Jenni Rivera (hermana de Lupillo) sigue los pasos de su hermano y canta con banda, adaptando rancheras y corridos al formato. La voz poderosa pero sutil de Rivera, proporciona un buen balance al acompañamiento más tosco de la banda, aún en temas como "Agente de ventas", un corrido sobre narcotraficantes escrito por su hermano Lupillo. Al mismo tiempo, Rivera tiene el espíritu y la personalidad para darle vida a temas como "Querida socia", una carta de una amante presumida a la esposa, y la versatilidad para poder interpretar bien y en inglés "Wasted Days and Wasted Nights" de Freddy Fender.

—L.C.

De hecho, *Déjate amar* no era su debut con una multinacional; con Fonovisa sacaba su segundo disco después de haber lanzado anteriormente una producción con Sony. Pero fue la producción que la estableció con firmeza en el medio artístico. Con *Déjate amar*, Jenni no solamente empezó a sonar más en la radio sino que empezó a solidificar su identidad musical. Todavía era una artista más bien local o regional, cuya base de fans se encontraba más que todo en California, pero ya se vislumbraba su potencial a nivel nacional e internacional.

Más allá de la música, impresiona ver la claridad y seguridad que ya tenía Jenni en cuanto a su identidad personal, su lugar en el panorama musical y sus objetivos. Es cierto que en 2001 Jenni ya tenía treinta y un años y cinco hijos y no era una niña inexperta. Pero pocos artistas tienen posturas tan claramente delineadas y consistentes a lo largo de sus carreras. Lo común es mirar hacia atrás y encontrar inconsistencias en lo que dicen los artistas a través de los años. Con Jenni ocurrió lo contrario: no importó nunca qué decían de ella o cuánto la criticaran, sus posturas y opiniones nunca tambalearon. Tampoco cambió jamás su discurso sobre de dónde venía y hacia dónde iba.

"Es legítimo de cualquier ser humano alcanzar con esfuerzo el éxito, pero eso no significa que te olvides que fuiste parte de la pobreza", dijo en una entrevista con la revista *El Aviso*, publicada en 2001. "La verdadera riqueza está en los sentimientos y eso se proyecta en lo que realices. El verdadero logro en la vida es poder identificarte sencillamente con los tuyos, con tu pueblo al que perteneces", apuntó Jenni.

Durante la promoción de *Déjate amar*, en uno de los primeros grandes artículos que se escribió de Jenni, publicado ese mismo año en *La Opinión*, el veterano periodista Ramón Inclán describió a la cantante como "poseedora de un canto vigoroso y bravío, con canciones de 'amor a los hombres y contra ellos'. En sus interpretaciones personales Jenni Rivera es una combinación de estilos a lo Lupita D'Alessio y al modo de Paquita la del Barrio, con una voz que recuerda a Chayito Valdez (aunque con más potencia)".

Jenni sin duda apreciaba este tipo de comentarios. Y a la vez, se ofendía —con toda razón— al escuchar críticas frívolas de aquellos que decían que su éxito y el de su familia era un golpe de suerte o que ella y Lupillo estaban enfrascados en una rivalidad.

"Para Lupillo y para mí, que somos artistas, es muy doloroso que haya versiones de que nosotros hemos salido adelante de casualidad", le dijo Jenni a *La Opinión*. "Los Rivera no triunfamos por arte de magia, o porque nos dedicamos a la venta ilícita de no sé cuántas cosas. Todo lo contrario; no solamente no somos narcotraficantes sino que integramos una familia de mucha lucha, a quienes nuestro padre, Don Pedro Rivera, nos inculcó ser honrados, humildes y trabajadores".

En cuanto a su supuesta rivalidad con Lupillo, Jenni también fue categórica: "Nunca faltan personas de mala onda o 'gachas' que buscan crear conflictos en los demás. Con nosotros fracasan esos intentos porque somos una familia muy unida, en la que nos ayudamos unos a otros. Por mi parte, todo lo bien que le va a Lupillo, me hace muy feliz, ya que lo quiero fraternalmente y me consta lo mucho que ha luchado para llegar adonde está. Y creo que de su lado es algo similar hacia mí".

Más allá de cualquier comentario negativo que se generara en los medios, la verdad fue que el año 2001 fue un buen año para Jenni. Nació su hijo, a quien por supuesto adoraba. Lanzó un segundo álbum con Fonovisa, y fue un éxito. Su matrimonio con Juan López estaba sólido. De hecho, en la citada entrevista con *La Opinión*, Juan la acompañó todo el tiempo, un dato que Ramón Inclán notó en su crónica: "En la charla, el actual esposo de Jenni Rivera, Juan López, no se despega por un segundo de la intérprete. Al decir de la cantante, Juan es una persona sencilla y buena, y cuando ambos se conocieron les flechó cupido de inmediato".

Aunque ya para ese entonces Jenni había tenido sus buenos y malos momentos con Juan, todo parecía haberse resuelto y la pareja no solo aparentaba estar más enamorada que nunca sino que Juan le estaba demostrando a Jenni que podía ser un marido comprensivo que podía entender y apoyar su éxito. Por supuesto, este apoyo de pareja era importantísimo para una mujer como Jenni, que valoraba la independencia y el trabajo.

"Pienso honestamente que las mujeres tenemos los mismos derechos que los hombres en todas las circunstancias, incluyendo el amor", dijo Jenni en la entrevista con *El Aviso*. "El amor es un sentimiento generoso, sublime y debe ser por ambas partes bien correspondido; de esto puedo hablar ampliamente, porque con mi marido tengo una relación de amigos, su apoyo es incondicional y en él encuentro todos los motivos para superarme. Soy una defensora de los derechos de la mujer, porque si con mis canciones puedo abrirle los ojos a alguien, me doy por bien servida", dijo.

Aparte de que empezaba a tener éxito a nivel de ventas y radio, Jenni también se estaba convirtiendo en una intérprete apetecida para tocar en vivo y las ofertas venían de todas partes, incluso de familias vinculadas al narcotráfico que la buscaban para tocar en las quinceañeras de sus hijas. Pero esas las rechazaba de la manera más amable posible, para no ofender a nadie, diciendo que estaba demasiado ocupada.

Tanto Jenni como sus hermanos se sometían a una regla estricta: no tocaban en fiestas privadas. Fue una regla que Jenni dijo sostener hasta el final. En septiembre de 2012, a solo unos meses de su muerte y diez años después de aquellos comienzos, repitió casi las mismas palabras cuando le preguntaron en un reportaje para *La Opinión* si aceptaba contratos para fiestas privadas: "No, no hay necesidad", dijo. "Mira el susto que pasó Ramón Ayala, que es una leyenda. ¿Qué necesidad tenía? Es verdad que a veces no sabes [quién te contrata]".

Jenni se refería al muy sonado caso de Ramón Ayala, quien en diciembre de 2009 fue arrestado cuando la Marina Armada de México allanó una finca en la que estaba tocando un concierto privado. Resultó que la fiesta era de narcotraficantes, aunque Ayala diría que no sabía a quién pertenecía ni la casa ni la fiesta.

"A uno le dicen: 'Vas a cantar en cierto lugar y te van a pagar tanto'", agregó Jenni. "Yo dije: 'No, no quiero problemas'. Y lástima, porque hay gente de mucho dinero que puede pagar una presentación de Jenni. Pero mejor no me arriesgo".

Diez años antes, Jenni tampoco se arriesgó. Y no hubo necesidad. Entre más sonaba su música, más se la solicitaba para tocar en vivo en toda suerte de eventos y clubes nocturnos. De esta manera, Jenni empezó a ganar montos de dinero importantes, lo suficiente para comprar una nueva casa en Corona, a una hora de Long Beach. Fue uno de los acontecimientos más importantes a comienzos de su carrera, pues para Jenni siempre fue particularmente doloroso aquel recuerdo de haber vivido en ese garaje frío con su pequeña hija años atrás. Ahora, finalmente se sentía sólida financiera y emocionalmente. Y para rematar, tenía una casa digna para sus hijos, algo que Jenni calificó como "una gran realización personal, máxime cuando mi propia hija mayor me dijo: 'Gracias mamá, porque ésta sí es una gran casa, no como aquel garaje en el que vivíamos'".

Los lazos familiares

A principios de la década de 2000, Jenni Rivera empezó a convertirse en estrella. Fue un proceso que a muchos les pareció que había sido de la noche a la mañana, pero nada podía estar más lejos de la realidad. Con muy pocas excepciones, los ascensos al estrellato son procesos largos, de muchísimo trabajo y esfuerzo. Son caminos de pasos muy pequeños que toman años: una entrevista aquí, una presentación allá, visitas a estaciones de radio pequeñas que requieren manejar por horas, visitas a tiendas discográficas que realmente no están interesadas en tu producto, discos que no cuentan con apoyo, sencillos que no suenan en la radio.

El que a Jenni le hubiera tocado dar estos pasos, el que le hubiera tomado años alcanzar algún tipo de reconocimiento, no es nada fuera de lo común. Las historias de otros grandes nombres en el género —Vicente Fernández, Paquita la del Barrio, Los Tigres del Norte, Intocable, la propia Selena— son historias de perseverancia sin fin; son historias de personas que insisten en triunfar pese a los muchísimos obstáculos que se les presentan y pese a las muchísimas veces que escuchan la palabra "no".

Pero la situación de Jenni sí era más difícil que la de la mayoría de los artistas. No solamente era una mujer que buscaba ser cantante; era pobre, era madre de cinco hijos, venía de una relación abusiva y, aunque era bonita y agraciada, su cuerpo curvilíneo y generoso no se conformaba al estereotipo delgado estilo modelo de la típica estrella musical femenina. Además, como cantante de corridos, en sus comienzos se movió constantemente en un ambiente machista donde las mujeres no siempre eran respetadas, y las experiencias a veces eran amargas.

Años después, en una entrevista en mayo de 2011 en *Casa Adelita*, Pedro Rivera recordó que en una ocasión, cuando apenas había redescubierto la música, Jenni le dijo que iba a dejar de cantar. ¿La razón? La habían contratado a ella y a su banda para tocar en el Carnaval de Ensenada. Pero el hombre que la contrató, un amigo de Pedro Rivera, quería cobrar ciertos favores de Jenni antes de pagarle sus honorarios.

"Mi hija fue, cantó y la razón por la que se quería retirar es porque el amigo que la contrató antes de darle los $300 [que le iba a pagar] quería que se acostara con él", contó Pedro, sus ojos llenándose de lágrimas ante la cámara. "Y le dije: 'Está bien hija. Retírate. Pero hazme el último disco como yo lo quiera'. Y ahí fue donde la convencí que cantara corridos".

Ya para 2002, los factores que habían estado en contra de Jenni ahora estaban a su favor. Cantar corridos le había dado un lugar en el ambiente. Ser curvilínea le permitía a su audiencia femenina identificarse con ella y el ser madre y haber sido abusada aumentaba ese nivel de identificación. Pero además de todo, Jenni tenía un arma poderosísima en su arsenal. Era parte de la familia Rivera.

En sus inicios, cuando Jenni empezó a cantar, ser hija de Pedro claro que le otorgaba una ventaja, pues su padre tenía el estudio, el conocimiento y las conexiones para grabarla y echar a andar su carrera. Luego, vino el éxito de Lupillo. Como su hermana, inicialmente había cantado corridos con Cintas Acuario, y luego, en 2001, sacó *Despreciado* con Sony Music y explotó.

Despreciado era una colección de temas mexicanos, algunos conocidos, algunos nuevos, cantados con banda sinaloense. Hasta ahí la cosa era bastante normal. Pero Lupillo mismo, con su cabeza rapada, su auto Bentley en la portada de sus discos, sus trajes hechos a medida y sus cigarros, presentaba una imagen completamente distinta a lo que se asociaba con la música mexicana hasta el momento.

Despreciado fue una sensación, y llegó a vender más de un millón de copias. El siguiente álbum de Lupillo con Sony, *Sufriendo a solas*, también tuvo ventas que superaron al millón. En un momento en 2002, Lupillo colocó cuatro álbumes en el Top 50 de los discos latinos más vendidos del país, según la revista *Billboard*.

El mero hecho de que Jenni fuera hermana de Lupillo llamaba la atención. En realidad, no existía ninguna cantante en el ámbito musical latino que tuviera un hermano también cantante (con la excepción de los grupos y dúos de hermanos, como Pimpinela en Argentina y, más adelante, Jesse y Joy en México). Pero además de Lupillo, Gustavo, Juan y, en menor grado, Pedro Jr. también cantaban. Los tres hermanos tenían diferentes grados de éxito y ninguno llegaba al nivel de Lupillo o Jenni, pero tenían carreras legítimas y vivían de la música. Cantaban, grababan discos, sacaban sencillos. ¿Cuántas familias podían presumir de cinco hijos artistas? Es decir, Jenni Rivera llamaba la atención sólo por venir de la familia de la cual venía, y para muchos medios, particularmente los medios en California, la historia de la musical y talentosa familia Rivera era irresistible.

A esto se le sumó la creciente fascinación del público mismo por Jenni. No solo era una Rivera sino que poseía una voz fuerte y contundente. Era increíblemente carismática en el escenario y en la pantalla. Era bella y tenía una personalidad arrolladora. Y su repertorio conectaba con mujeres en todas partes. Si uno ve los videos de YouTube que existen de Jenni Rivera en ese entonces, queda clarísima la cualidad de estrella que ya poseía. Era cuestión de tiempo para que explotara, como ya había hecho su hermano.

A principios de 2002, Jenni viajó a Culiacán, Sinaloa, a grabar su siguiente disco, que sería producido por su padre con el acompañamiento de banda a cargo de la Banda Coyonqueños de Vicente Duarte.

Consistente con la figura de mujer fuerte que les hace frente a los hombres que iba desarrollando Jenni, el disco se llamó *Se las voy a dar a otro*, nombre también del primer sencillo. La canción es un regaño a un hombre que no supo responder al amor que le ofrecía su mujer. Ahora, cantaba Jenni, "se las voy a dar a otro/porque tú no las mereces/las tuviste tanto tiempo/y no las aprovechaste/te pasaste en tus pendientes".

En la producción de *Se las voy a dar a otro* ya se nota que Jenni y su disquera le estaban poniendo más esmero —y presupuesto— a sus grabaciones. El álbum incluía una amplia gama de temas —no corridos— tanto bravíos como románticos y, para rematar, tenía una canción en inglés, "Angel Baby", también con acompañamiento de banda. El sonido fue lo suficientemente novedoso como para que "Angel Baby" sonara en la radio a pesar del idioma, entrando al listado Regional Mexican Airplay de Billboard por siete semanas y escalando al puesto 16.

En esa época, la prensa empezaba a hablar constantemente de Jenni, y los artículos del momento ya la describían como "la controversial hermana de Lupillo Rivera", según un artículo ese año en *La Prensa de San Diego*, y como una cantante simpática y de pueblo.

Para rematar, con *Se las voy a dar a otro*, Jenni logró su primera nominación a un Latin Grammy, por Mejor Álbum de Banda. Ya para ese entonces, Jenni había sido nominada a los Premios Que Buena, que se habían empezado a dar desde el año 2000, organizados por KBUE-La Que Buena, la emisora que la había apadrinado en sus comienzos. Pero mientras que los Premios Que Buena se daban específicamente a la música mexicana, los Latin Grammys eran premios internacionales que colocaban a Jenni en otro nivel. Definitivamente esta ya no era la chiquita mexicana de Long Beach que cantaba corridos atrevidos; había logrado convertirse en una artista seria y respetada.

Es diciente, y lindo, que *Se las voy a dar a otro* esté dedicado a lo que eran y seguirían siendo los cuatro pilares de Jenni: su familia, sus hijos, su trabajo y sus fans. "Este disco lo hicimos con mucho cariño para ese público maravilloso que me ha apoyado en mi carrera y que me brinda su afecto en mis presentaciones", escribió Jenni. "Está dedicado a ellos y a mis hermanos, que quiero tanto y me manifiestan su cariño por teléfono, aunque esté lejos por mis compromisos de trabajo. Para Gustavo, Lupillo, Pedro, Rosita y mi pequeño hermanito Juan, porque aunque esté muy grandote, para mí sigue siendo mi niño pequeño. Mi gratitud a todos los que apoyan mi carrera, mi equipo de trabajo y a mis padres, a mis hijos que extraño tanto por dedicarme a esta carrera, que es muy difícil, pero la adoro, por las grandes satisfacciones que nos da el público generoso".

Ese septiembre, Jenni llegó a sus primeros Latin Grammys en el Teatro Kodak de Los Ángeles luciendo un traje negro largo con flores rojas estampadas con escote muy pronunciado y una apertura sensual en la pierna. La noche antes, había asistido a la cena de la Persona del Año en honor a Vicente Fernández, también luciendo otro vestido negro escotadísimo. Se veía radiante, y no era para menos. Aunque se encontraba a solo una hora del barrio donde había crecido, era como si estuviera a años luz de distancia. Jenni no ganó el Grammy Latino en esa ocasión, pero estaba claro que empezaba una nueva etapa en su carrera profesional.

De amores y otros demonios

En el año 2003, la carrera de Jenni Rivera dio un giro. En lugar de grabar sencillamente otro álbum de banda, grabó *Homenaje a las grandes,* un disco concepto donde le rendía homenaje a grandes mujeres de la música latina interpretando sus éxitos con arreglos de banda. Tanto las canciones como sus intérpretes tenían especial significado para Jenni y muchas de ellas —Lupita D'Alessio, Lola Beltrán, Rocío Durcal— eran artistas por las cuales ella había profesado admiración desde el comienzo de su carrera. En *Homenaje a las grandes* Jenni también interpretó canciones de Gloria Trevi ("Papa sin catsup") y Alejandra Guzmán ("Hacer el amor con otro"), ambas artistas que se volverían sus amigas y con quienes llegaría a compartir el escenario. También grabó una versión en inglés del éxito de Motown "Where Did Our Love Go", demostrando una vez más su interés y afecto por la música en inglés que escuchó de niña.

Pero además de la música, el álbum marcaba una nueva dirección de *look* y estética para Jenni. Después de una vida de portadas de discos con sombreros norteños, aquí Jenni reemplazó el sombrero por un peinado liso, rubio y sofisticado. En lugar de mirar directamente a la cámara, como siempre había hecho, miró hacia abajo, y su cara se ve delgada y perfilada. Es un *look* decididamente clásico y elegante, colocándola entre el grupo de las "grandes" a las cuales les rindió homenaje. Claramente se quería mostrar a través de la portada que Jenni no era solamente una cantante de banda; era una artista con potencial internacional que podía cantar lo que fuera.

El álbum también incluía de primer sencillo el tema "A escondidas", popularizado años atrás por Marisela. En la voz de Jenni se convirtió en su tercer sencillo en el listado Regional Mexican Airplay de Billboard, debutando en la posición 40 el 6 de junio de 2003 y escalando al número 23 el 17 de julio, permaneciendo ocho semanas en el ranking. Jenni también se dio gusto con "Homenaje a mi madre", una canción que le escribió a su propia madre, doña Rosa Rivera.

Demostrando cuán lejos había llegado en su carrera, Jenni celebró el lanzamiento del álbum con un concierto ese verano en el histórico Ford Amphitheatre de Hollywood, convirtiéndose en la primera artista de música regional mexicana en presentarse en el recinto.

Pero los triunfos venían después de tragos amargos. El 19 de abril de 2003 *Homenaje a las grandes* se convirtió en el primer álbum de Jenni Rivera que debutaba en el listado Top Latin Albums de Billboard, que mide las ventas de música latina en todo el país. El disco entró en el puesto 70 y subió al número 37, puestos que no eran necesariamente altos, pero un logro enorme para una artista que hasta el momento había visto su fama crecer más que todo en California y la Costa Oeste. Todo parecía ir viento en popa para Jenni. Excepto su matrimonio.

Ese mismo abril, al tiempo que salía su álbum, Jenni se separó de Juan López, su segundo marido.

"Le batallé, le sufrí, pero ya no tenía a Juan conmigo", explicó en una entrevista en *TVNotas*. "Aparte mi nombre estaba creciendo y mi esposo no asimilaba bien lo que pasaba en nuestras vidas. Fue mucho pleito y sentía que no había apoyo de su parte y aparte no tenía confianza en lo que había hecho".

La que tomó la decisión de separarse fue Rivera. Para ese entonces, había hecho todo lo que consideraba posible por salvar el matrimonio, y según le dijo a *La Opinión*, la pareja también había consultado a un experto en relaciones matrimoniales. Pero las cosas no habían mejorado.

"Tuve que ser un poco más egoísta; dejar de pensar en todo mundo y pensar en mí", dijo Rivera. "Tenía mucho tiempo discutiendo y peleando. Un día llené los papeles, me fui a la corte y presenté la demanda de divorcio. Él [Juan] nunca creyó que lo haría, pero yo sabía que no me iba a arrepentir, que lo hacía por mi felicidad. Lo único que quería era empezar a buscar la paz y tranquilidad".

La paz y la tranquilidad no llegarían tan fácilmente. Ya para fines de agosto, cuando Jenni habló con *La Opinión*, Juan le estaba exigiendo a Jenni una compensación monetaria después de la separación y una mensualidad para cubrir todos sus gastos.

"Estoy acostumbrada a luchar para salir adelante sin quitarle o robarle nada a nadie", dijo Jenni. "Sé qué es la ley y lo respeto, pero no se me hace bien que [Juan] esté pidiendo que lo mantenga".

En una entrevista en *Furia Musical*, en septiembre de 2003, le preguntaron a Jenni si consideraba justo que Juan pidiera la mitad de todo después de su divorcio, a lo cual ella contestó: "Bueno, yo siempre he trabajado en beneficio de mis hijos, ellos son lo más importante para mí y me duele que se les quite algo que les pertenece. No se trata de él ni de mí, sino de mis hijos y de su futuro, tomando en cuenta que los hijos pequeños son de ambos. Pero, sin duda, él piensa que le pertenece algo de lo que logramos juntos, lo cual dejaré en manos de la justicia humana y la de Dios".

Como en Estados Unidos normalmente el que gana más dinero es el que aporta para el cónyuge, era posible que Jenni tuviera que mantener a Juan, a pesar de que ella no lo considerara lo correcto. Pero sí dejó en claro que haría todo para luchar por sus hijos.

Jenni no mencionó públicamente qué o cuánta manutención le dio a Juan o por cuánto tiempo, y el proceso de divorcio no fue fácil. "Claro que duele", dijo poco tiempo después de la separación, en la entrevista de *Furia Musical*. "Como estoy ocupada con mi carrera, a veces me distraigo y momentáneamente se olvida, pero es difícil dejar de lado algo que fue la etapa más importante de mi vida. Fue un hombre al que amé profundamente. Es imposible borrar de la noche a la mañana ocho años de vida juntos. Pero soy fuerte y saldré adelante, tengo fe en cerrar ese capítulo".

Sin embargo, Jenni logró mantener una relación cordial y positiva con su ex marido después de su separación y a lo largo de los años. Incluso en esas entrevistas que dio poco después de la separación, Jenni nunca habló mal de Juan. Ese fue un patrón que sostuvo durante toda su vida. Cuando se separó de Esteban Loaiza años después, tampoco dijo cosas negativas de él en público. Jenni siempre fue supremamente respetuosa de sus parejas y siempre fue elegante en sus comentarios a la prensa sobre su vida personal. Como dijo muchas veces, siempre fue buena esposa y su creencia era que la mujer y el marido eran un equipo que se apoyaba mutuamente. Nunca sería desleal en ese sentido. En sus canciones decía las cosas, pero jamás cayó en el mal gusto de hablar mal de los hombres de quien había estado enamorada (salvo de Trino, por cuestiones obvias). En el caso de Juan, no solo era el padre de Jenicka y Johnny, sino que también se había portado como un papá con los otros tres hijos de Jenni, a quienes había conocido desde que eran muy pequeños.

Pero al final, las cosas terminarían terriblemente mal para Juan. Cuatro años después, en octubre de 2007, fue sentenciado a tres años de prisión por tráfico de drogas. Ya para ese entonces, Jenni era una gran, gran estrella que había ganado incontables premios y que había alcanzado el número 1 tanto en los listados de radio de Billboard como en los de ventas.

Juan fue asignado a pagar su pena en el correccional de California City en la ciudad de Los Ángeles, California, y Jenni definitivamente dejó atrás cualquier diferencia que pudiera haber tenido con su ex marido. Se habían prometido ser amigos hasta el final por el bien de sus hijos, y Jenni los llevaba constantemente a ver a su padre.

La vida tras rejas no es fácil para los que están adentro pero tampoco para los familiares que están afuera. En el caso de Jenni, todos sus hijos actuaban como una unidad cohesiva donde los unos apoyaban a los otros. Una condena de tres años no pasa en un abrir y cerrar de ojos, pero es tolerable; Juan López sin duda tenía la ilusión de ver a Jenicka y Johnny, aún como niños, a su salida. Pero nuevamente el destino le tenía otros planes.

En junio de 2009, con más de la mitad de su condena cumplida, Juan López se enfermó en prisión. Según un artículo publicado por Bandamax TV, el compañero de celda de Juan dijo que en un comienzo, el doctor de la prisión no lo quiso atender, y ya cuando le prestó atención, Juan estaba demasiado enfermo. Como resultado, fue llevado de emergencia al Antelope Valley Hospital en Lancaster, California, el 17 de junio.

Pero la familia no se enteró de lo que le sucedió a Juan hasta el 23 de junio, cuando ya se encontraba en un grave estado de salud. Jenni y sus hijos fueron a verlo inmediatamente y estuvieron constantemente a su lado hasta que el hospital prohibió las visitas, alegando que circulaban demasiados medios. No solo no pudieron entrar ni Jenni ni sus hijos, sino que tampoco los padres de Juan. Lo que sucedió después fue uno de los episodios más dolorosos en la vida de Jenni Rivera.

Como no se les permitía estar junto a Juan, Jenni llevó a sus hijos consigo a la inauguración de un edificio de música en una escuela local. Mientras tanto, en aquel desolado cuarto de hospital, Juan López moría… solo.

"Mis hijos estaban conmigo en una escuela primaria que bautizó su departamento de música y arte con mi nombre", contó Jenni después en una declaración a los medios. "Fue algo muy bello. Seis horas más tarde, su papi murió, solo y su alma en un hospital de Lancaster".

Efectivamente, Juan López murió sin su familia a su alrededor. Se dice que la causa de la muerte fue pulmonía, aunque algunas fuentes dicen que fue un ataque al corazón.

"El punto es que murió solo", dijo Jenni. "Qué triste. Por haberse casado y tener hijos con una celebridad". Añadió que "es una locura [que] por un lado, por mi nombre y mis logros en mi carrera me inmortalizan y me premian, pero al mismo tiempo me quitaron la oportunidad de visitar al hombre que alguna vez amé en los últimos momentos de su vida".

Al final, Jenni otorgó unas palabras que hoy en día tienen un triste dejo de premonición: "[Mis hijos] están devastados. No lo pueden creer. Le rezo a Dios para que me dé fuerza y sabiduría para guiarlos en los días que vienen. El funeral, el entierro y el resto de sus vidas. No hay un manual para actuar como guía. Su mami arregla todo, pero esto no lo puede arreglar".

12

Transformándose en la Jefa de Jefas

En algún momento de su carrera, Jenni Rivera se dio cuenta de que no importaba qué hiciera, qué dijera, con quién anduviera o qué se pusiera, todo le interesaba a los medios. Al comienzo debió haber sido halagador. La carrera de Jenni despegaba y cada día había un poquito más de interés en lo que hacía musicalmente. Pero luego, el interés se desbordó a su vida entera. No era solo que Jenni fuera una mujer que cantaba corridos y que había sido madre soltera. Es que también era hermana de Lupillo. Y era hija de Pedro Rivera —el que había grabado los discos de Chalino Sánchez. Y Chalino Sánchez cantaba narcocorridos y había sido asesinado, lo cual generaba rumores de posibles conexiones entre los Rivera y el mundo de las drogas. No importaba cuántas veces Jenni desmintiera cada teoría y acusación que le ponían por delante, siempre aparecía otra. Y muchas veces, eran simplemente un reflejo de su vida. Que si Jenni Rivera se casó, que si se divorció, que si le metieron el esposo a la cárcel. Entre más apariencias públicas hacía Jenni, más crecían los rumores y el interés: que si Jenni tomó tragos en el escenario, que si se emborrachó, que si se quitó los zapatos, que si insultó a los hombres, que si se quitó el sostén.

"Hablo lo que pienso, y soy como soy", me dijo en la entrevista de 2010 en el programa *Estudio Billboard*. "Hay muchos artistas que son artistas y que frente a las cámaras pueden decir que son una cosa y realmente piensan de otra manera, pero el caso es quedar bien. Yo no. Yo soy una mujer y mi oficio es cantar. [...] Me subo al escenario y soy la cantante y bajo del escenario y soy la mujer. Eso significa que por las cosas que he dicho, por mi manera tan franca tan directa de ser, pues a los medios le llama la atención, lo publican, sale al aire y le llama la atención al público. Cuando llamas la atención al público, eres *rating*. Digas lo que digas, hagas lo que hagas, tu nombre es *rating*. [...] Como ser humano que soy sí puede ser cansador, pero tampoco me quejo. Es parte de lo que decidí ser y tengo que soportarlo".

Más allá de todo lo demás, quizás la cualidad más importante que tenía Jenni Rivera era su inteligencia. Y en algún momento se dio cuenta de que algo se podía hacer con todo este interés desenfrenado.

"Cuando ya vi que mi vida causaba interés o intrigaba a la gente en televisión, pensé 'voy a usar *mi* nombre a *mi* manera'. Mi nombre es utilizado de muchas maneras por muchas personas, entonces la mejor manera de utilizar el nombre de Jenni Rivera es la empresaria que soy y decir, 'voy a producir programas de televisión, voy a tener una línea de ropa, voy a tener fragancias, voy a tener mi programa de radio'", explicó en la Conferencia Billboard de la Música Latina en abril de 2012.

Uno de los cambios que hizo Jenni en su vida fue organizar su equipo de trabajo. Hasta el año 2003, había trabajado mano a mano con su esposo Juan, quien la ayudaba en todas las cuestiones de su carrera y su día a día. Pero también ya tenía un equipo que incluía al conocido abogado de música Anthony López, quien también era abogado de su hermano Lupillo. Cuando Jenni y Juan se separaron, López llamó a Pete González, quien en ese entonces trabajaba de *business manager* de Los Tucanes de Tijuana, y le sugirió que hablara con Jenni.

"Conocí a Jenni y tenía más [cojones] que la mayoría de los hombres con los que había trabajado yo", contó González en una entrevista en la revista *Billboard* en diciembre de 2012. "Nos conectamos. Yo sabía que quería ser parte de lo que ella fuera a hacer".

Con González al lado, Jenni solidificó su equipo. Y es importante recordar que desde el comienzo, Jenni manejó su carrera de manera muy empresarial. Entendió que necesitaba alguien que manejara la parte de negocios, alguien que manejara publicidad. Tenía maquillista, estilista y diseñador de ropa. Jenni entendió la importancia de invertir en su carrera y de controlar su imagen y su producto.

"Yo sigo pensando que soy más empresaria que artista", me dijo durante la entrevista en la Conferencia Billboard en 2012. "Incluso cuando estoy en el escenario sé que me están pagando pero es una terapia diferente. Es un desahogo de todo lo que vivo. El trabajo es estar viajando, estar de promoción, pero estar en el escenario —esas tres horas que canto— es realmente la diversión de todo esto".

Ya en 2003, Jenni estaba muy establecida como una cantante que constantemente iba de gira. En este aspecto, Jenni fue bastante única. En el mundo de la música regional mexicana, los grupos y artistas del género están de gira constantemente. Tocan casi todos los fines de semana en toda suerte de recintos, desde palenques y discotecas hasta ferias y clubes. Jenni hacía todo esto, pero a la vez era una diva y tocaba en recintos como el Ford Amphitheatre —y hasta llegó a tocar en el Staples Center, el Nokia y el Auditorio Nacional— donde no había tocado ningún artista regional mexicano antes. Jenni supo vivir en el mundo mexicano pero con el glamour y la actitud "diva" de estrellas como Paulina Rubio y Thalía. Pero no se limitaba a esa postura: a Jenni le encantaba cantar en vivo y le encantaba tener contacto con sus fans. El ser inalcanzable era impensable para ella. Sus fans le daban vida y ella lo reconocía.

"El cariño del público es algo muy especial", dijo en una entrevista en Radio al Aire cuando promocionaba *Homenaje a las grandes* en 2003. "Es algo único que no me pueden dar ni mis padres, ni mis hermanos, ni mis hijos, ni mi pareja. O sea, es un cariño muy diferente que muchos artistas no aprovechan y que pasan desapercibidos. El público, para mí es muy importante y me gusta darle el cariño y la atención que se merecen".

Jenni siempre escuchaba a su público, y entre más crecían ellos más crecía ella. En 2004, buscando aumentar tanto su público como sus propios horizontes, tomó un paso interesante en su carrera: firmó con la disquera Univision Records.

Univision Records había sido creada en 2001 como parte de Univision Communications, pero funcionaba como una entidad independiente. Univision era un sello que tenía artistas de todo tipo, pero entre 2001 y 2002, la compañía compró Fonovisa, el sello más grande e importante de música regional mexicana en el mundo, y el sello con el cual trabajaba Jenni.

Jenni estaba muy bien en Fonovisa —y de hecho, Fonovisa y Univision compartían una misma administración y presidente— pero Univision se veía como un sello más "internacional" desde

Jenni Rivera y Leila Cobo en la Conferencia Billboard de Música Mexicana en Los Ángeles en 2009, lugar donde Jenni habló con su familia. Leila le regaló a Jenni una copia de su primera novela, *Tell Me Something True.*

....

Jenni Rivera and Leila Cobo at the Billboard Mexican Music Conference in Los Angeles in 2009, where Jenni spoke with her family. Leila gave Jenni a copy of her first novel, *Tell Me Something True,* during the conference.

Fotos por Arnold Turner, cortesía de Billboard. Copyright 2013. PROMETHEUS Global Media.
Photos by Arnold Turner, courtesy of Billboard. Copyright 2013. PROMETHEUS Global Media.

LA DINASTÍA RIVERA. Jenni posa con su padre y hermanos. De la izquierda: Gustavo Rivera, Don Pedro Rivera, Jenni Rivera, Lupillo Rivera, Pedro Rivera, Jr., Leila Cobo y Juan Rivera.

....

THE RIVERA DYNASTY. Jenni poses with her father and brothers. From left to right: Gustavo Rivera, Don Pedro Rivera, Jenni Rivera, Lupillo Rivera, Pedro Rivera, Jr., Leila Cobo, and Juan Rivera.

Jenni radiante en la alfombra roja durante Los Premios Billboard en 2012.

Jenni sparkles on the red carpet at the Billboard Awards in 2012.

Jenni recibe besos de los músicos Chino & Nacho en la alfombra roja.

Jenni gets a double kiss on the red carpet from singers Chino & Nacho.

Fotos por Alberto E. Tamargo/Photos by Alberto E. Tamargo

Jenni posa junto a su portada.

Jenni poses next to her cover photo.

Jenni da una entrevista a Billboard.com.

Jenni gives Billboard.com an interview.

Fotos por Arnold Turner, cortesía de Billboard. Copyright 2013. PROMETHEUS Global Media. / Photos by Arnold Turner, courtesy of Billboard. Copyright 2013. PROMETHEUS Global Media.

Jenni en el marco de la Conferencia Billboard de la Música Latina. De la izquierda: Bill Werde, director editorial de *Billboard*; Jenni Rivera; Tommy Page, director comercial de *Billboard*; y Leila Cobo.

Jenni on the Billboard Latin Music Conference & Awards stage. From left: Bill Werde, Editorial Director of *Billboard*; Jenni Rivera; Tommy Page, Commercial Director of *Billboard*; and Leila Cobo.

Leila entrevistando a Jenni.

Leila interviewing Jenni.

JENNI RIVERA
TOP LATIN ALBUMS

Debut		Peak		Title / Imprint & Number / Label	Artist	Chart Weeks
70	04/19/03	37	05/24/03	**HOMENAJE A LAS GRANDES** Fonovisa 350779 / UMLE	JENNI RIVERA	6
41	10/16/04	29	10/23/04	**SIMPLEMENTE… LA MEJOR!** Univision 310343 / Universal Music Latino	JENNI RIVERA	5
20	10/08/05	10	10/15/05	**PARRANDERA, REBELDE Y ATREVIDA** Fonovisa 352165 / Universal Music Latino	JENNI RIVERA	59
42	05/20/06	39	06/17/06	**EN VIVO DESDE HOLLYWOOD** Fonovisa 352339 / Universal Music Latino	JENNI RIVERA	12
19	09/30/06	19	09/30/06	**BESOS Y COPAS DESDE HOLLYWOOD** Fonovisa 352729 / Universal Music Latino	JENNI RIVERA	7
2	04/21/07	2	04/21/07	**MI VIDA LOCA** Fonovisa 353001 / UMLE	JENNI RIVERA	51
55	11/24/07	33	12/08/07	**LA DIVA EN VIVO!** Fonovisa 353214 / UMLE	JENNI RIVERA	7
1	09/27/08	1[1]	09/27/08	**JENNI** Ayana/Fonovisa 353623 / UMLE	JENNI RIVERA	41
35	08/15/09	13	08/29/09	**JENNI: EDICIÓN CD/ DVD SUPER DELUXE** Ayana/Fonovisa 354092 / UMLE	JENNI RIVERA	12
2	12/19/09	2	12/19/09	**LA GRAN SEÑORA** Fonovisa 354398 / UMLE	JENNI RIVERA	78
8	12/11/10	8	12/11/10	**LA GRAN SEÑORA: EN VIVO** Fonovisa 354603 / UMLE	JENNI RIVERA	28
4	12/10/11	2	12/22/12	**JOYAS PRESTADAS: POP** Fonovisa 354660 / UMLE	JENNI RIVERA	48
2	12/10/11	2	12/10/11	**JOYAS PRESTADAS: BANDA** Fonovisa 354659 / UMLE	JENNI RIVERA	62
1	12/29/12	1[7]	12/29/12	**LA MISMA GRAN SEÑORA** Fonovisa 017911 / UMLE	JENNI RIVERA	7

JENNI RIVERA
HOT LATIN SONGS

Debut		Peak		Title Imprint & Number / Label	Artist	Chart Weeks
37	11/12/05	31	01/14/06	**QUÉ ME VAS A DAR** Fonovisa	JENNI RIVERA	12
40	02/18/06	14	06/03/06	**DE CONTRABANDO** Fonovisa	JENNI RIVERA	20
50	07/15/06	49	07/22/06	**NO VAS A CREER** Fonovisa	JENNI RIVERA	2
46	10/21/06	46	10/21/06	**BESOS Y COPAS** Fonovisa	JENNI RIVERA	1
50	06/16/07	19	08/25/07	**MÍRAME** Fonovisa	JENNI RIVERA	20
45	11/10/07	9	01/26/08	**AHORA QUE ESTUVISTE LEJOS** Fonovisa	JENNI RIVERA	18
43	03/22/08	13	06/14/08	**INOLVIDABLE** Fonovisa	JENNI RIVERA	20
50	03/29/08	48	04/19/08	**COSAS DEL AMOR** Universal Music Latino	OLGA TANON FEATURING MILLY QUEZADA OR JENNI RIVERA	3
30	08/30/08	15	12/06/08	**CULPABLE O INOCENTE** Fonovisa	JENNI RIVERA	21
37	02/21/09	37	02/21/09	**CHUPER AMIGOS** Fonovisa	JENNI RIVERA	7
43	06/06/09	24	07/25/09	**TU CAMISA PUESTA** Fonovisa	JENNI RIVERA	13
22	08/15/09	22	08/15/09	**OVARIOS** Fonovisa	JENNI RIVERA	10
33	12/19/09	16	02/27/10	**YA LO SÉ** Fonovisa	JENNI RIVERA	20
49	07/17/10	46	08/21/10	**POR QUÉ NO LE CALAS** Fonovisa	JENNI RIVERA	3
47	04/09/11	44	04/30/11	**LA GRAN SEÑORA** Fonovisa	JENNI RIVERA	7
40	09/17/11	14	12/10/11	**BASTA YA** Fonovisa / UMLE	JENNI RIVERA FEATURING MARCO ANTONIO SOLIS	21
49	06/09/12	49	06/09/12	**A CAMBIO DE QUÉ** Fonovisa / UMLE	JENNI RIVERA	1
32	09/22/12	12	12/29/12	**DETRÁS DE MI VENTANA** Fonovisa / UMLE	JENNI RIVERA	20
43	11/17/12	9	01/05/13	**LA MISMA GRAN SEÑORA** Fonovisa / UMLE	JENNI RIVERA	12
28	12/29/12	28	12/29/12	**COMO TU MUJER** Fonovisa / UMLE	JENNI RIVERA FEATURING MARCO ANTONIO SOLIS	3
37	12/29/12	37	12/29/12	**A QUE NO LE CUENTAS** Fonovisa / UMLE	JENNI RIVERA	2
33	12/29/12	33	12/29/12	**ASÍ FUE** Fonovisa / UMLE	JENNI RIVERA	2

JENNI RIVERA
REGIONAL MEXICAN ALBUMS

Debut		Peak		Title / Imprint & Number / Label	Artist	Chart Weeks
20	10/23/04	20	10/23/04	**SIMPLEMENTE… LA MEJOR!** Univision 310343 / Universal Music Latino	JENNI RIVERA	1
9	10/08/05	2	10/15/05	**PARRANDERA, REBELDE Y ATREVIDA** Fonovisa 352165 / Universal Music Latino	JENNI RIVERA	32
16	05/20/06	13	06/17/06	**EN VIVO DESDE HOLLYWOOD** Fonovisa / Universal Music Latino	JENNI RIVERA	6
6	09/30/06	5	10/07/06	**BESOS Y COPAS DESDE HOLLYWOOD** Fonovisa / Universal Music Latino	JENNI RIVERA	6
1	04/21/07	1[1]	04/21/07	**MI VIDA LOCA** Fonovisa / UMLE	JENNI RIVERA	16
11	12/08/07	11	12/08/07	**LA DIVA EN VIVO!** Fonovisa 353214 / UMLE	JENNI RIVERA	3
1	09/27/08	1[1]	09/27/08	**JENNI** Ayana/Fonovisa 353623 / UMLE	JENNI RIVERA	28
18	08/22/09	9	08/29/09	**JENNI: EDICIÓN CD/ DVD SUPER DELUXE** Ayana/Fonovisa 354092 / UMLE	JENNI RIVERA	4
1	12/19/09	1[4]	12/19/09	**LA GRAN SEÑORA** Fonovisa 354398 / UMLE	JENNI RIVERA	61
2	12/11/10	2	12/11/10	**LA GRAN SEÑORA: EN VIVO** Fonovisa 354603 / UMLE	JENNI RIVERA	19
1	12/10/11	1[5]	12/10/11	**JOYAS PRESTADAS: BANDA** Fonovisa 354659 / UMLE	JENNI RIVERA	47
1	12/29/12	1[7]	12/29/12	**LA MISMA GRAN SEÑORA** Fonovisa 017911 / UMLE	JENNI RIVERA	7

JENNI RIVERA
REGIONAL MEXICAN AIRPLAY

Debut		Peak		Title Imprint & Number / Label	Artist	Chart Weeks
25	04/21/01	18	04/28/01	QUERIDA SOCIA Fonovisa	JENNI RIVERA	17
31	04/06/02	16	04/13/02	ANGEL BABY Discos Cisne	JENNI RIVERA	7
40	06/28/03	23	07/19/03	A ESCONDIDAS Fonovisa	JENNI RIVERA	8
37	02/21/04	37	02/21/04	JURO QUE NUNCA VOLVERÉ Fonovisa	JENNI RIVERA	1
35	03/12/05	35	03/12/05	AMIGA, SI LO VES Univision	JENNI RIVERA	4
29	09/03/05	7	12/17/05	QUÉ ME VAS A DAR Fonovisa	JENNI RIVERA	23
30	01/28/06	1[1]	06/03/06	DE CONTRABANDO Fonovisa	JENNI RIVERA	33
35	06/24/06	13	07/15/06	NO VAS A CREER Fonovisa	JENNI RIVERA	11
39	08/26/06	10	10/21/06	BESOS Y COPAS Fonovisa	JENNI RIVERA	23
37	03/10/07	23	04/14/07	LA SOPA DEL BEBÉ Fonovisa	JENNI RIVERA	8
28	05/12/07	8	08/25/07	MÍRAME Fonovisa	JENNI RIVERA	27
28	10/20/07	3	01/26/08	AHORA QUE ESTUVISTE LEJOS Fonovisa	JENNI RIVERA	21
36	03/08/08	5	06/14/08	INOLVIDABLE Fonovisa	JENNI RIVERA	25
30	08/16/08	4	12/06/08	CULPABLE O INOCENTE Fonovisa	JENNI RIVERA	26
30	02/07/09	19	02/21/09	CHUPER AMIGOS Fonovisa	JENNI RIVERA	10
32	05/23/09	13	07/18/09	TU CAMISA PUESTA Fonovisa	JENNI RIVERA	19
29	08/08/09	13	08/15/09	OVARIOS Fonovisa	JENNI RIVERA	12
39	11/28/09	7	02/27/10	YA LO SÉ Fonovisa	JENNI RIVERA	28
36	05/15/10	22	08/14/10	POR QUÉ NO LE CALAS Fonovisa	JENNI RIVERA	20
37	11/06/10	31	12/18/10	DÉJAME VOLVER CONTIGO Fonovisa	JENNI RIVERA	12
37	01/01/11	25	01/07/12	AMARGA NAVIDAD Fonovisa / UMLE	JENNI RIVERA	4
39	02/19/11	23	05/07/11	LA GRAN SEÑORA Fonovisa	JENNI RIVERA	20
30	09/10/11	6	12/10/11	BASTA YA Fonovisa / UMLE	JENNI RIVERA FEATURING MARCO ANTONIO SOLIS	28
35	03/31/12	21	07/14/12	A CAMBIO DE QUÉ Fonovisa / UMLE	JENNI RIVERA	19
39	08/04/12	6	11/03/12	DETRÁS DE MI VENTANA Fonovisa / UMLE	JENNI RIVERA	20
16	11/17/12	6	12/29/12	LA MISMA GRAN SEÑORA Fonovisa / UMLE	JENNI RIVERA	13

el cual se podía trabajar con Jenni no sólo en el ámbito de la música mexicana sino también en el del pop. Entonces, el 4 de noviembre de 2004, Jenni sacó *Simplemente… La Mejor,* un CD/DVD de sus grandes éxitos, entre ellos corridos como "Las Malandrinas" y "La Chacalosa" y otros como "Querida socia" y "Se las voy a dar a otro". (Jenni, sin embargo, regresaría después a Fonovisa, que sería su sello durante el resto de su carrera). El álbum también incluía varios temas inéditos, entre ellos "Amiga si lo ves" de Yaredt León, el primer tema que Jenni grabó en versión pop. Aunque el tema no fue un gran éxito radial —estuvo cuatro semanas en el listado Regional Mexican Airplay y subió sólo a la posición 35— sí marco un hito en la carrera de Jenni porque demostró que era capaz de atravesar géneros y, además, mostró que era vulnerable. En "Amiga si lo ves" no es la guerrera que sale triunfante después de un mal amor; es la mujer que pierde al hombre que quiere y que lo añora. "Esta canción es muy especial para mí, porque siempre he interpretado temas que yo siento o que siento que le han pasado a otras personas", dijo Jenni en el comunicado de prensa que acompañó la salida del tema. "Un tema como 'Amiga si lo ves' describe los sentimientos de una mujer, no importa qué tan fuerte sea, o quién sea, todas hemos sufrido por amor".

El video de "Amiga si lo ves" también marcó otro logro para Jenni. Dirigido por Risa Machuca y producido por el reconocido cineasta Jessy Terrero, era una pequeña obra de arte dedicada a todos los que pierden a un ser querido. En lugar de simplemente concentrarse en mostrar a una mujer triste y dolida, el video contaba con imágenes de historias entrelazadas de personas que han perdido a los seres que más quieren, desde niños pequeños hasta padres. Es quizás uno de los videos más bellos en el catálogo de Jenni.

"En la versión pop el sentimiento luce más y para mí es importante ser versátil y demostrar que no es solo los corridos y la ranchera, y los temas fuertes, sino demostrar que, como toda mujer, tengo mis momentos de tristeza", explicó Jenni en una entrevista del 2 de diciembre en *El Diario* de Nueva York.

Mientras Jenni se atrevía a salir de su zona de confort cantando pop, también empezaba a salirse de la norma en cuestión de negocios. Entre 2003 y 2005, Jenni empezó a hablar seriamente de lanzar un perfume y una línea de maquillaje. La marca se llamaría Divina, según lo explicó Jenni, porque deseaba que las mujeres se sintieran divinas por dentro y por fuera.

En una entrevista publicada en *Vida en el Valle* en febrero de 2005, Jenni dijo que había trabajado en el desarrollo de sus cosméticos durante dos años, investigando y reuniéndose con fabricantes de químicos de cosméticos.

"Los cosméticos de alta calidad son caros, y la gente que me sigue no puede comprar cosméticos de alta calidad", dijo en la entrevista, explicando por qué decidió lanzar la línea de productos.

Unos meses después, en noviembre del mismo año, su hermana Rosie colocó un post en un foro de Univision.com anunciando la salida de la línea, que incluía productos como los brillos labiales Rosa Rosita, Chiquis y Juicy Jackie. Las ventas de estos iban a ser donadas a la fundación de Jenni.

Además, Jenni ya tenía su oficina de bienes raíces, su primera carrera y el oficio que la había sacado de una vida de dependencia en la beneficencia social.

"Ella entendía su identidad como marca", dijo su mánager Pete Salgado cuando habló con *Billboard* a raíz de la muerte de Jenni. "Ella entendía que era Coca Cola. Y las cosas se empezaron a hacer bajo sus términos en todo aspecto. Era la mejor experta en marketing que he conocido. Era enfocada. Y era difícil seguir su ritmo. Esta es una persona que se levantaba a las seis de la mañana y estaba lista para trabajar".

Jenni Rivera apenas comenzaba a construir su imperio, pero ya vislumbraba qué camino podía tomar.

Cantándole a la vida… y a la muerte

Jenni siempre se ufanó de cantar lo que vivía o lo que vivían sus fans. Sus canciones a menudo eran historias, descripciones, vivencias. Si no le habían sucedido a ella, le habían sucedido a alguien más. Y si Jenni no sentía la verdad de sus palabras, no las cantaba. Esa filosofía era parte de su gran conexión con el público. Ella pensaba —correctamente— que gran parte de su éxito se debía a su honestidad, a su integridad como persona dentro y fuera del escenario, y al hecho de que nunca había perdido contacto con quien había sido y con las personas que la hicieron quien era, con sus fans.

"A nosotros que nos dedicamos a esto de la cantada, nunca se nos debe de olvidar de dónde venimos", dijo en una entrevista en *Radio Notas* en 2002. "La humildad es algo que nos debe de durar toda la vida. [...] El ser la artista Jenni Rivera no quiere decir que sea más que la demás gente, simplemente que Dios me dio este don, la oportunidad de grabar y de que me escuche la gente."

Jenni siempre fue singularmente accesible. Desde sus comienzos, sacaba tiempo para sus fans, para tomarse fotos, para hablar, para saludar. La costumbre continuó hasta sus momentos de mayor fama. Incluso cuando estaba en el escenario, Jenni era asequible: aceptaba tragos y presentes de su público, invitaba a los fans al escenario, les regalaba cosas. Jenni había trabajado desde que era pequeña y entendía y se relacionaba con otras personas que trabajaban. Sabía que su "raza" era la que más la apoyaba; la que compraba sus discos y asistía a sus conciertos. No atender a esta misma gente con respeto era impensable. De hecho, cuando Jenni marchó en Arizona para protestar las leyes anti-inmigrantes, habló públicamente del tema, reiterando que la misma gente afectada por las leyes migratorias eran las personas que sostenían su carrera y la de tantos otros artistas. El mensaje de sencillez y humildad fue uno que aprendió de su padre, quien también nunca olvidó sus orígenes ni su gente, a pesar de su lugar privilegiado en el mundo de la música.

En realidad, Jenni misma no escribía todas sus canciones; al contrario, escribía solo uno que otro tema por disco. El resto venía de compositores grandes y pequeños que, partiendo de las experiencias de Jenni, habían podido poner en letra y música las más profundas emociones de la cantante. Y aunque todos los discos de Jenni son personales y todos tienen sus historias que la tocaron muy de cerca, hay dos en particular que se asocian profundamente con la vida de la Diva de la Banda: *Parrandera, rebelde y atrevida* de 2005 y *Mi vida loca* de 2007.

De *Parrandera, rebelde y atrevida* se desprendió el sencillo "De contrabando", escrito por Joan Sebastián, gran amigo de Jenni. En junio de 2006, el tema se convirtió en el primero y único número uno de Jenni en el listado Regional Mexican Airplay de Billboard. La canción estuvo una semana en el primer puesto, y un total de treinta y tres semanas en la lista. A la vez, el álbum *Parrandera, rebelde y atrevida* debutó en el segundo puesto del listado de Álbumes Regional Mexicano y en el décimo del listado Top Latin Albums. Fue el debut más alto para Jenni hasta el momento, y el álbum permanecería cincuenta y nueve semanas —más de un año— en la lista.

"Este tema 'De contrabando' me gustó mucho porque también hablaba de la otra, de la mujer que sabe que no debe estar con ese hombre pero le gusta", me contó Jenni en *Estudio Billboard*. "Y ese es el amor de contrabando".

Pero no era solo el tema de amor lo que movió el disco. El mismo título del álbum, *Parrandera, rebelde y atrevida*, era como una invitación irresistible a escucharlo. Además, la letra del tema con el mismo título evocaba aquel otro éxito de Jenni, "Las Malandrinas", con frases como: "Soy parrandera, soy rebelde y atrevida/soy rancherota y lo llevo en el corazón/champaña amarga es pa' las viejas presumidas/quiero Tecate con su sal y su limón".

Increíblemente, todos esos años después de "Las Malandrinas", e incluso después del éxito nacional de un tema parecido en inglés —"Redneck Woman" de Gretchen Wilson— Jenni seguía siendo la única artista latina que cantaba abierta y francamente, sin adornos y sin eufemismos, de lo que significa ser del pueblo. Esta no era una canción de diva ni de estrella pop. Esta era la narrativa de una mujer que sale a parrandear. Las fans se enloquecieron.

"Uno puede decir que es equivocación, pero el cantar de que te gusta salir con las amigas y echarte unos tragos son cosas que todos hacen pero les da miedo cantarlo", me dijo Jenni en *Estudio Billboard* en 2010. "Y yo dije 'no'. Yo sé a lo que le estoy tirando. Yo sé cómo se comportan mis fanáticas, mis mujeres. A ellas les gustaría escuchar algo de la realidad. Y cuando lo estoy grabando digo, 'vamos a ver qué sucede'. Pero ya cuando se empieza a vender el disco, y ya cuando solicitan la canción a la radio, y cuando estoy en el escenario y me piden las canciones que yo compongo, yo digo, 'no, no estaba tan mal'".

Pese al ambiente de fiesta que lo rodeaba, y pese al éxito que tuvo, *Parrandera, rebelde y atrevida* tenía un dejo de triste premonición, capturado en la canción "Cuando muere una dama". De hecho, el tema de la muerte fue uno que Jenni visitó varias veces en su carrera. Años atrás había grabado "Que me entierren con la banda" junto a su hermano Lupillo, pero esa canción había sido escrita por Melo Díaz y popularizada mucho antes que Jenni la cantara. En cambio, "Cuando muere una dama" fue escrita por la misma Jenni, después de toparse demasiado de cerca con la muerte.

El 16 de mayo de 2005, Jenni sufrió un accidente automovilístico del cual salió ilesa pero que pudo haber tenido resultados fatales. Jenni estaba manejando cerca de su casa en Corona cuando se quedó dormida al volante y chocó. Afortunadamente, el impacto no fue de frente sino de lado; de otra forma, Jenni pudo haber muerto.

"La pérdida del vehículo no es tan importante, es una pérdida material", dijo en ese entonces su hermana Rosie Rivera en una entrevista en Bang Bang Radio. "Pero pensar que mi hermana pudo morir, me aterra. Estoy muy agradecida con Nuestro Señor, porque es un verdadero milagro".

El susto fue tan grande, que Jenni habló públicamente de cómo el accidente la había hecho reflexionar sobre la vida y sobre las posibilidades de la muerte.

"El accidente me hizo meditar, cómo me gustaría que me despidieran (cuando tenga que partir), si esto realmente hubiese sucedido", contó, también en Bang Bang Radio. "La inspiración surgió de manera espontánea y ha servido de gran ayuda porque es una forma de expresar mis sentimientos y el temor que sentí después. Estoy muy agradecida con Dios, por permitirme continuar en este mundo, junto a los seres que amo. Tal vez las oraciones de mi madre me alcanzaron y ahora puedo apreciar la oportunidad que me brinda la vida".

Escuchada ahora, después de la actual muerte de Jenni, "Cuando muere una dama" resulta tan triste como reveladora. En la canción, Jenni explica claramente cómo quiere ser celebrada y recordada, y muchos de los sentimientos expresados en la letra —la paz de llegar a "otro concierto" allá en el cielo, cómo se veía y cómo quería ser recordada, "su madre no se rajó… despídanla con honor", incluso las instrucciones para después de su muerte (especificando que quería que soltaran mariposas y pidiendo a su hermana que "lea mi carta")— subrayan cuán ligada Jenni estaba a sus canciones, pues lo que cantó en 2005 fue efectivamente lo que se hizo en diciembre de 2012 después de su muerte.

"Cuando muere una dama" fue el último tema que se incluyó en *Parrandera, rebelde y atrevida* y nunca fue sencillo de radio, pero como sucedía con todas las canciones de Jenni, fue un tema que sus fans conocían y pedían. Si miramos hacia atrás, hacia los años 2005 y 2006, Jenni Rivera estaba en su apogeo y era sin duda la mujer más famosa del ámbito de la música regional mexicana. Su disco llegó a ser número uno del listado Top Regional Mexican Albums de Billboard —cabe destacar que los discos no llegan a ese primer puesto si no hay quien los compre.

Jenni no solo daba shows todos los fines de semana —viernes, sábado y domingo, y a veces hasta jueves— y trabajaba como una desquiciada, sino que también empezó a llenar los recintos que tradicionalmente le habían pertenecido a los artistas pop. En 2006, por ejemplo, llenó por completo el prestigioso Gibson Amphitheatre de Los Ángeles (donde en 2012 se celebraría el homenaje después de su muerte), convirtiéndose en la primera artista regional mexicana en hacerlo.

Parecería, pues, que entre 2006 y 2007 la fama de Jenni había llegado a su pico. Pero no era así. Su celebridad apenas comenzaba a tomar alto vuelo. Lo que esta mariposa guerrera alcanzó a hacer en sus últimos cinco años de vida fue sorprendente y extraordinario.

Mi vida loca

El 14 de octubre de 2005, Jenni había brindado un show completamente vendido en el Kodak Theater, pero el 5 de agosto de 2006 hizo historia: dio un concierto en el Gibson Amphitheatre de Los Ángeles donde se agotaron las entradas. Para Jenni, fue todo un acontecer porque, aunque ya daba conciertos en todas partes —en palenques y plazas y ferias—, llenar el Gibson era estar a la altura de cualquier artista pop exitoso. Al final de la noche, su disquera, Fonovisa, le presentó un Disco de Platino por las más de 200.000 ventas en los Estados Unidos de su álbum *Parrandera, rebelde y atrevida*. Jenni lucía uno de sus vestidos fucsias estilo sirena, ceñido al cuerpo y abriéndose en un gran vuelo de las rodillas para abajo. Se veía radiante.

Ese mismo año, como reafirmando que era una mujer imparable en el escenario, sacó dos discos en vivo al mercado. El primero fue el CD/DVD *En vivo desde Hollywood* el 2 de mayo de 2006, seguido por *Besos y copas, en vivo desde Hollywood* el 12 de septiembre de 2006. Ambos discos subieron en los listados de Billboard a escasos cuatro meses el uno del otro. *En vivo desde Hollywood* debutó en el puesto 16 de ventas del ranking Regional Mexican Albums y escaló al puesto 13, permaneciendo seis semanas en el listado. En el ranking Top Latin Albums llegó al puesto 39 y permaneció doce semanas en la lista. *Besos y copas, en vivo desde Hollywood,* lanzado después de aquel histórico concierto en el Gibson, debutó en el puesto 6 del listado de Regional Mexican Albums, subiendo al 5 y también permaneciendo seis semanas en lista. En el listado Top Latin Albums, el disco debutó el 30 de septiembre en el puesto 19 del ranking y permaneció siete semanas en la lista.

Todo esto se pudo ver como un preludio a lo que puede haber sido la obra maestra de Jenni Rivera: *Mi vida loca*. El álbum, lanzado el 21 de abril de 2007 (coincidiendo con los Premios Billboard a la Música Latina), debutó en el puesto 2 del listado de Top Latin Albums y en el puesto 1 del listado de Top Regional Mexican Albums. Fue el primer disco de Jenni que alcanzó el número 1 (aunque no sería el último).

Más allá de las ventas, *Mi vida loca* era una especie de biografía musical (de hecho, Jenni siempre dijo que la autobiografía que estaba escribiendo se llamaría *Mi vida loca*), a veces brutalmente honesta, y con un interludio hablado antes de cada canción.

"La música fue lo que me ayudó realmente para salir adelante, para crear fuerzas, para levantarme después de cada caída, de cada tropezón", me dijo Jenni en *Estudio Billboard*. "Y en mi disco *Mi vida loca*, yo me voy cantando. Se llama *Mi vida loca* porque voy cantando de diferentes experiencias difíciles que viví, y voy narrando antes de cada canción el porqué de ese tema, y parte de la experiencia que viví".

Jenni explicó que llegar al nivel personal de *Mi vida loca* le tomó tiempo. Pues aunque ella siempre había cantado sobre sus vivencias y pensamientos, nunca lo había hecho de una forma tan abierta y nunca antes había intentado narrar su vida entera en un álbum.

"Creo que tuve la idea por alrededor de tres años", dijo Jenni en una entrevista de la revista *Billboard* en 2007 cuando lanzó el disco. "Quería esperar el momento correcto. Creo que tenían que pasar ciertas cosas, no solo en mi vida personal, pero en mi carrera. Tenía que crecer y durante ese proceso, me di cuenta que la gente estaba realmente interesada e intrigada por lo que pasa en mi vida. Sienten que yo soy como ellos. Soy un ser humano normal, pero canto y trabajo. Entonces, se identifican conmigo, pero quieren saber más de mí".

Mi vida loca incluye canciones con alusiones muy específicas: "Sangre de Indio", dedicada a Pedro Rivera y cantada a dueto con Lupillo Rivera; "Cuánto te debo", que hacía alusión a aquella manutención que tanto ofendió a Jenni y que debió pagar después de su divorcio; "Hermano amigo", dedicado a sus hermanos; y el sencillo "La sopa del bebé", un divertido y bastante escandaloso cuento de cómo una mujer se desquita de su hombre traicionero, invitando a su amante a su cuarto, y después diciéndole a su esposo: "Y si encuentras la colcha manchada/es la sopa que tiró el bebé".

La canción, dijo Jenni a Billboard cuando salió el disco, "es sobre un esposo infiel y tú se la devuelves, dándole un poco de su propia medicina".

Para Jenni, una canción de particular importancia en el disco fue "Mírame". Escrita por Bruno Danza, es la historia de una mujer que encuentra la felicidad después del desamor y, en un momento, se vuelve a encontrar con aquel hombre que la maltrató, pero esta vez es ella la que se encuentra bien mientras él está de malas: "Mírame, es un placer saludarte/hoy que tú vives tan triste, y yo tan feliz", dice el coro.

Aunque Jenni no escribió el tema, lo cantó con alguien muy específico en mente: su primer esposo, Trino. El mismo con el que tuvo a su hija Chiquis a los quince años, con quien había vivido una relación abusiva, el hombre que había abusado de su hija y de su hermana menor.

El hablar públicamente de lo que le había sucedido, lo cual para la disquera era algo muy "peligroso", terminó siendo algo muy valioso para los fanáticos, explicó Jenni en el programa *Aquí y Ahora* en febrero de 2011. "Fueron ellos quien me vinieron diciendo donde él estaba. Aparte me decían, se jactaba de que él me golpeaba. Mis hermanos me enseñaron lo que era el box y dos o tres ganchos al hígado no le faltaron. Pero él presumía. Yo ya era Jenni Rivera. Y decía: 'Era mi esposa, le di mis palizas', y por mis fanáticos lo encontraron y lo arrestaron".

Y así fue. El mundo sabía lo que había hecho Trino, y en un momento, Lupillo ofreció una generosa recompensa a quien diera información para lograr su captura. Y los mismos fans de Jenni advirtieron donde estaba. Así fue como el 22 de abril de 2006, Trino fue arrestado en Riverside, Florida, y llevado a Long Beach a ser enjuiciado.

El juicio de Trino fue terriblemente movilizador. Testificaron Jenni, Chiquis y Rosie y el efecto en toda la familia fue palpable. Además, fue muy duro para sus hijas ya que no habían visto a su padre en nueve años, y ese fue el reencuentro que tuvieron.

Un año después, en junio de 2007, Trinidad "Trino" Marín, de cuarenta y tres años de edad, fue sentenciado a treinta y un años de cárcel.

"Uno nunca queda contento", dijo Jenni en *Aquí y Ahora*. "No es una historia bonita. La única satisfacción que tengo es que no puede seguir lastimando a otras niñas".

Trino no solo abusó de Jenni y de sus hijas físicamente, sino también emocionalmente. Él menospreciaba a Jenni de manera constante, tratando de socavar su autoestima, como bien me lo contó en *Estudio Billboard* en 2010: "Cuando nos separamos y ya empecé a cantar, empezó él siempre a decirme que no lo iba a hacer, que nunca iba a ser nada. Y cuando ya se daba cuenta de que Jenni expandió sus alas, […] no soportaba que yo ya era una mariposa que volaba, y no era la oruga que él estaba acostumbrado a pisotear".

Todo este sentir está en *Mi vida loca*. La introducción a "Mírame" son, efectivamente, las palabras de Jenni a Trino: "Nunca olvidaré sus palabras: Deja la cantada, nunca vas a llegar a ser alguien… Con ese mismo hombre hoy peleo en corte el caso más importante de mi vida…".

"'Mírame'", me dijo Jenni, "habla precisamente de esa persona que me dijo que no iba llegar a ser nada, con la cual tanto sufrí, y él ahora vive detrás de las rejas treinta y un años, viéndome a través de una pantalla de televisión y escuchándome en la radio todo el tiempo. Me gusta muchísimo ese tema. Creo que nos da a todas, y no solo a las mujeres; en mis presentaciones la cantan muchos hombres. Porque los hombres también han sufrido con mujeres que no han agradecido. Y me da tanto gusto que les llegue también a ellos".

La última canción de *Mi vida loca* es "Mariposa de barrio", el tema que tan orgullosamente define quién era, y seguirá siendo por siempre, Jenni Rivera: "Mariposa de barrio/la que vive cantando/la oruga ha transformado/¡su dolor en color!". La canción, escrita por Jenni, es una metáfora de su vida, y es un coro de esperanza para todas las personas que afirman que es posible cambiar, que es posible levantarse.

"He pasado por mucho, pero no soy una víctima", dijo Jenni, repetidas veces durante su vida. "No soy una víctima. Si me sintiera víctima, no podría tener éxito y estar donde estoy ahora. Tengo espíritu de guerrera".

Jenni, que siempre le mostraba los discos a su padre, recordó sus palabras sobre *Mi vida loca* en una entrevista con la revista *Billboard* en 2009: "Me dijo, 'm'ija este disco está muy, muy bonito'. Siempre le preocupaba que yo no iba a poder superar el éxito del disco anterior. Y me dijo, 'No se cómo vas a superar este porque está muy bueno'".

Al final, el gran triunfo de *Mi vida loca* es que logra contar una historia seria, desgarradora y verdadera, y al mismo tiempo logró captar la atención de los fans con ese espíritu guerrero de Jenni que tanto ovacionaban.

La dama divina y amparadora

Una de las más grandes cualidades de Jenni Rivera era su capacidad de tomar algo negativo y tornarlo en algo positivo. Jenni hizo esto a lo largo de toda su vida; encontraba la forma de voltear cada traspié y convertirlo en una oportunidad. El diccionario de la Real Academia de la Lengua Española define la palabra "optimista" como alguien que "propende a ver y juzgar las cosas en su aspecto más favorable". Esta, sin duda, era Jenni. No importa cuán mal estuviera una situación o un evento, le encontraba la vuelta. Parecía ser el ejemplo en persona de la frase "no hay mal que por bien no venga".

En un episodio particularmente divertido, vendió camisetas con la foto de prontuario que le habían tomado en el departamento de policía después de que fue brevemente arrestada tras darle un golpe a un fanático con su micrófono. Pero el incidente que provocó las camisetas de divertido no tuvo nada. Sucedió durante un concierto en junio de 2008 en Raleigh, Carolina del Norte, cuando en plena presentación, alguien le lanzó a Jenni una lata de cerveza al escenario, golpeándola. Cuando Jenni preguntó quién lo había hecho, un hombre levantó la mano y fue llevado al escenario, donde Jenni, sin más ni más, le pegó en la cien con el micrófono.

¿El resultado? Jenni fue arrestada, sacada del escenario y tuvo que pagar una fianza para salir de la cárcel.

"Lo único que les puedo decir es que no estoy muy contenta

que digamos, pero sí me hago responsable de las cosas que yo hago", le dijo a una estación de radio de Los Ángeles después del incidente. Para colmo, el fan luego dijo que él ni siquiera había sido el responsable de aventar la lata. El levantó la mano porque pensó que iba a ser invitado a bailar con su artista.

Ya en 2011, Jenni se rio del asunto, que causó escándalo en su momento, y explicó por qué decidió vender las camisetas. "Pues el *mugshot* estaba afuera, y pensé, si mi público me quiere tanto pues que compren la camiseta. Trato de buscarle lo positivo a todo", contó Jenni en una entrevista en *Aquí y Ahora*.

Jenni tuvo muchos retos y muchos dramas y tragedias en su corta vida. Pero quizás ninguno fue tan doloroso como el abuso que ella, su hermana y sus hijas vivieron a manos de su primer marido. Y aun esto lo convirtió en algo positivo; es más, lo convirtió en algo que tendría un profundo impacto en muchísimas personas.

Cuando Jenni confrontó el abuso de su ex marido, se dio cuenta de que no estaba sola; había muchas otras personas como ella y como su familia, y de inmediato sintió que era su deber ayudarlas. Así nació la Jenni Rivera Love Foundation. Inicialmente creada para ayudar a otras familias víctimas de abuso, ahora la fundación ayuda a familias necesitadas en muchas áreas, dándoles becas, ayuda financiera y apoyo educativo, entre otras muchas cosas. Además, Jenni amplió su labor altruista en muchas direcciones, donando constantemente a centros como el Children's Hospital y frecuente y espontáneamente dando de sí, regalando dinero y donando objetos para ayudar a otros.

Existen cientos de anécdotas sobre la generosidad de Jenni: el vestido de gala de concierto que donó al Radiotón de la Esperanza después de un show; el dinero que regaló a un pequeño en México para que pudiera pagar una operación de trasplante de riñón; el carro que le regaló a un padre de familia necesitado; las cuantiosas sumas de dinero que donó a centros educativos y de salud; las muchísimas horas que dedicó a visitar y ayudar a niños enfermos.

Como hija de inmigrantes ilegales, Jenni también fue franca en su apoyo a la causa inmigrante. Cuando se introdujo la famosa ley migratoria SB 1070 en Arizona en 2010, muchos artistas se pronunciaron en su contra. Pero el 29 de mayo, Jenni fue la primera en ir a Arizona y marchar con las aproximadamente 70.000 personas que fueron hasta el capitolio de Phoenix a protestar la ley. Luego, dio un concierto para los asistentes, acompañada de su grupo, que viajó desde Mazatlán para el evento.

"Vine con mis hijos", dijo Jenni durante el evento. "Salimos a las dos de la mañana en un camión desde Los Ángeles para acá, llegamos con mis hijos y mi equipo e hicimos toda la marcha. ¿Por qué? Porque nos interesa. Es muy importante que mi nieta, que tiene seis meses, en algún momento lea en los libros escolares de este momento histórico. Y quiero que sepa que su abuela estaba disponible siempre a defender a su gente. Y quiero criarla así también. Y que nuestra gente pueda ver. Creo que es importante ponernos a pensar que esta es la gente que nos mantiene, que va a nuestros bailes, que prende la televisión para vernos. Si esta gente no está, ¿quién va a apoyarnos?".

La ley de Arizona despertó en Jenni su sentido de la justicia. Como bien dijo durante el evento, no estuvimos en la Segunda

Guerra Mundial, donde se señalaba a los japoneses en Estados Unidos. No estuvimos en los años de Hitler, donde se señalaba a los judíos, ni en los sesenta cuando se señalaba a los afroamericanos. "Ahora nos toca a nosotros", dijo en aquella instancia. "Alguien tiene que detenerlos".

En abril de 2012, cuando habló durante la Conferencia Billboard de la Música Latina, Jenni fue aún más contundente en su postura; además de las leyes migratorias, pensaba que era importante que los latinos tuvieran fuerza política. "Es muy importante influir políticamente", dijo Jenni en la conferencia. "Cuando yo empecé a cantar no me imaginaba que podía inspirar o podía influir de ninguna manera. Ahora creo que lo podemos hacer. Y los cantantes que tenemos un buen seguimiento de fanáticos, creo que es nuestra responsabilidad no solo enseñarles la música sino mostrar que estamos unidos, y que nuestra palabra, nuestro voto sí cuenta. Porque es muy fácil dejárselo a la gente que pensamos es responsable de todo eso. Pero el censo que va a salir es muy importante y nuestro voto, nuestro sí o nuestro no, tiene mucho que ver. Y si puedo ayudar en eso, quiero decírselo a mi gente. Que somos importantes, somos muy importantes, más de lo que pensamos; no solo en política sino en televisión, en todo. Somos muchos. Somos la minoría más grande en este país".

Pero la gran marca altruista que dejaría Jenni sería como luchadora incansable contra el abuso doméstico y sexual. Más allá de la labor de su fundación, su lugar en este espacio se solidificó cuando el National Coalition Against Domestic Violence (NCADV) la nombró su vocera el 4 de agosto de 2010 en una conferencia en Anaheim.

"Estamos muy felices de que Jenni Rivera se haya unido a los esfuerzos de la NCADV para generar más conciencia, ofrecer esperanza e instar a otros a ayudarnos lograr nuestra visión de hacer de cada hogar un hogar seguro", dijo en ese entonces Rita Smith, directora ejecutiva de la NCDAV. "Su experiencia, talento y compromiso a acabar con la violencia en el hogar son un gran regalo y estamos ansiosos de trabajar con ella en muchos proyectos".

El nombramiento fue un honor para Jenni. La NCADV es una organización prestigiosa que ha trabajado por más de treinta y cuatro años para acabar con la violencia contra las mujeres, creando conciencia y educando al público sobre los efectos del abuso doméstico. La organización ayuda a más de 50.000 centros y programas alrededor del mundo. Como parte de su nueva labor, Jenni participó en varias conferencias en las que contó las experiencias que tuvo siendo víctima de violencia doméstica para educar a otras mujeres que pudieran estar pasando por algo igual.

Jenni nunca dejó de hablar del tema a lo largo de los años, y en octubre de 2012, cuando fue seleccionada como una de las veinticinco mujeres latinas más poderosas por la revista *People en Español*, postuló a su hermana como una de las candidatas a ser votadas a la lista por los lectores de la revista. Rosie Rivera ya era la cabeza del Jenni Rivera Love Foundation y además, a sus treinta y un años de edad, era una predicadora del ministerio Unidas Venceremos de la Iglesia Primer Amor de Long Beach. A menudo hablaba de su experiencia como sobreviviente de abuso, y era una oradora magnética.

En ocasión de las 25 Más Poderosas, fue la candidata que más votos logró entre los lectores de *People en Español*, y así entró a formar parte de la selecta lista. El día del almuerzo en Miami en honor a las homenajeadas, hablaron, entre otras, Olga Tañón, Lily Estefan y Jenni, elocuente como siempre. Terminó su discurso presentando a su hermana menor. Cuando Rosie se paró y empezó a hablar, todas las personas que estábamos ahí entendimos por qué había ganado. Pocas veces he escuchado un discurso tan emotivo y cautivante como el que dio Rosie en aquel almuerzo. Habló con total honestidad sobre el abuso que sufrió, sobre cómo la afectó, sobre cómo encontró en su corazón perdonar y ayudar a otros. Si Jenni fue una inspiración, su hermana menor claramente estaba siguiendo sus pasos. Quedó muy claro ese día por qué Jenni había puesto a Rosie a cargo de la Jenni Rivera Love Foundation y de continuar su legado.

CAPÍTULO
16

Sueños cumplidos

Para el año 2008, Jenni Rivera era una superestrella en Estados Unidos y México. Trabajaba todos los fines de semana del año, estaba constantemente en la televisión, y la prensa y los medios no se podían saciar con ella.

El estrellato a gran nivel había empezado el año anterior, cuando cosechó el Premio Billboard a la Canción Regional Mexicana del Año, Femenina, por su éxito "De contrabando". En los Premios Lo Nuestro, ganó como Artista Femenina del Año en el género regional mexicano. "Me siento feliz. Agradecida con Dios y con mi público con que hayan tomado mi música en cuenta y, como siempre digo, yo representando a nuestro género musical y a nuestra gente mexicana aquí en Premio Lo Nuestro", dijo a Tony Dandrades en aquel entonces.

Jenni también subió al escenario para otorgarle un premio a Víctor Manuelle y para cantar su tema "De contrabando".

En 2008, el número de premios creció. En los Billboard, se llevó Álbum Regional Mexicano del Año, Femenino, por *Mi vida loca*, mientras que su canción "Mírame" ganó Canción Regional del Año, Femenina. En Lo Nuestro, volvió a ganar como Artista Femenina del Año. Ese año también fue nominada a su segundo Latin Grammy por Mejor Álbum Ranchero con *¡La Diva en Vivo!*

El ímpetu crecía, y en septiembre de 2008, Jenni finalmente debutó en el puesto número 1 del ranking Top Latin Albums de Billboard —la lista de los álbumes latinos más vendidos del país— con su disco *Jenni*. Ese año, cuatro sencillos de Jenni entraron al ranking Hot Latin Songs, incluyendo "Cosas del amor", un tema de Olga Tañón con Jenni como artista invitada.

Mientras tanto, Jenni exploraba seriamente oportunidades ligadas a la música pero en otras plataformas. A lo largo de su carrera y a lo largo de tantas experiencias difíciles había quedado claro que su espíritu empresarial le permitía manejar su carrera como una gran organización. Pero también había quedado claro que Jenni tenía ángel para más que cantar. Cuando se presentaba en las premiaciones, los ratings se disparaban; cuando la entrevistaban, fuera por su música o por alguna controversia, los televidentes no se despegaban de la pantalla. El carisma que Jenni tenía en el escenario trascendía a otros medios y empezaron a llegar ofertas para aprovechar su conexión con el público. Irónicamente, como Jenni misma lo dijo, esa capacidad de conectar siempre había estado ahí, desde que era niña. Pero gracias a la música, la pudo llevar a su plena potencia.

"Todo vino de la música", dijo en la conferencia de Billboard en abril de 2012. "Porque a través de mi música he demostrado quién soy. No solamente la artista sino la mujer. Vivo, expreso, interpreto mi música para que puedan saber que si no viví esa historia alguien la está viviendo. Eso es gran parte de todo. Lo demás es lo que siempre he sido. Siempre fui una empresaria. Desde que vendía chicles en la escuela hasta que vendía mis calificaciones y mis respuestas en la escuela. Siempre estuve vendiendo algo. Hasta mi maestro en la escuela de *Business* me dijo: 'Tú tienes que vender algo, tienes que mercadear algo'. Eso se me quedó siempre en la cabeza. Nunca me imaginé que me iba a vender a mí misma. Viene todo de la música pero la empresaria viene de antes. Se juntaron las dos e hicimos una *entertainer*".

Jenni siempre fue una trabajadora incansable. Pero en este momento, puso el pie en el acelerador. Todo lo que había sembrado en 2008 empezó a cosecharse en 2009 de manera vertiginosa. Arrancó el año con el anuncio de que era seis veces finalista para los Premios Billboard a la Música Latina. Tal había sido su éxito que en la categoría Hot Latin Song of the Year competía dos veces, con los temas "Culpable o inocente" e "Inolvidable".

Con todos estos grandes logros, en febrero, antes de arrancar la temporada de premios, con el dinero por el que tan fuertemente había trabajado, Jenni se dio el gusto de comprarse la casa de sus sueños en Encino, California. Era una mansión de siete habitaciones y once baños que sus fans llegarían a ver con lujo de detalles al año siguiente, cuando Jenni lanzó su programa de telerrealidad, *I Love Jenni*, por mun2. Al finalizar la compra, el *Los Angeles Times*, que reporta la compra y venta de las casas de los famosos, reportó la de Jenni, marcando seguramente la primera vez que un artista del género regional mexicano era considerado lo suficientemente importante como para figurar en esa sección.

El artículo del 7 de febrero de 2009 publicado en el *Los Angeles Times* decía: "Cuando la superestrella de la música latina Jenni Rivera se mueve, lo hace rápidamente. En siete días, Rivera finalizó la compra de una casa en Encino que compró por $3,3 millones. La casa de 9.527 pies cuadrados está localizada en un buen vecindario al sur de Ventura Boulevard. Tiene siete habitaciones y once baños y fue recientemente remodelada de arriba a abajo. Está localizada sobre 4 acres y tiene un gran jardín, piscina y un patio de entretenimiento que incluye un spa y una cascada. La casa tiene pisos de mármol y madera, una cocina gourmet, paredes de ventanas y vistas de las luces de la ciudad. Tiene una gran entrada de dos pisos y la propiedad es privada y cercada".

Rivera, agregaba la nota, tenía treinta y nueve años de edad, y había sido representada por Faby Llerandi de Divina Realty, su propia compañía de bienes raíces. Esto no era de sorprender. Para ese entonces, Jenni ya controlaba todos los aspectos de su negocio, desde grabaciones a giras a bienes raíces a todo lo demás.

"Yo siempre quise ser así", contestó Jenni en abril de 2012 cuando le pregunté que si siempre estaba en control de sus cosas. "Eran los pleitos con mi papá. Mi papá es mi héroe. Es un hombre que admiro y quiero muchísimo. Pero mi mente siempre ha sido tan independiente que yo quería hacer las cosas a mi manera y mis hermanos hacían lo que quería mi papá. Yo escogía las canciones y decía, 'Si usted quiere que yo grabe, papá, voy a escoger las canciones'. '¡Pero yo soy el productor ejecutivo y es mi disquera!' decía. 'Pues, *that's too bad*, porque tengo que sentir lo que voy a cantar'. Y de ahí me acostumbré y llevé eso a la disquera donde estoy ahora por más de doce años —Fonovisa, Universal. Y también ellos confían totalmente en mí. Ellos dicen: 'no hay que arreglar lo que no está descompuesto'. Me permiten grabar lo que yo quiera, me permiten sentir, permiten que la mujer maneje al artista, y eso es muy importante. He visto en el público, en la audiencia, que lo que más les gusta a ellos es sentir que es un ser humano el que está tratando de conectarse con ellos, porque de una u otra manera cuando es fabricado he visto muchas veces que eso no es lo que funciona. Ya sea con mi disquera, con mun2 o con la radio, siempre tengo el ultimo 'sí' y el último 'no'. Yo digo que *I'm not controlling*, pero ellos dicen que sí", agregó riéndose. "Yo digo que es la manera de cuidar lo que es mío".

En abril de 2009, Jenni ganó el premio Top Latin Album of the Year, Female, en los Premios Billboard a la Música Latina. Ese galardón significaba que había sido la artista femenina más vendida del año —en cualquier género.

A todas estas, mientras ella seguía acumulando premios camino a la cima del estrellato, los medios no dejaban de buscarle historias: que si le pegó a un fan, que si dijo algo Graciela Beltrán, que si su pareja subió un video a Internet, que si tantas y tantas cosas. Jenni Rivera podría aparecer todos los días a todas horas en la televisión y todavía querían más: más escándalo, pero también más éxito y más logros. Todo lo que hacía Jenni era fascinante. Sus fans querían verla tener éxito, pero también querían sencillamente *verla*.

Y de alguna manera, Jenni permanecía centrada. En cuanto a su familia, estaba viviendo un gran momento. Tenía su gran casa donde vivían con ella sus cinco hijos. Y fuera de su casa tenía a sus padres, a sus hermanos y a su hermana Rosie, todos formando un gran colchón de apoyo para Jenni.

En octubre de 2009, Jenni, Don Pedro Rivera y Lupillo, Pedro Jr., Juan y Gustavo aceptaron hablar como parte de la Conferencia Billboard de Música Regional Mexicana en Los

Ángeles. Fue un momento histórico, marcando la primera vez que todos los artistas de la familia compartían un panel juntos. La sesión marcaba la segunda vez que Jenni participaba en una conferencia de *Billboard*, la revista que cubre la industria de la música y los artistas cuyos logros afectan a esta industria. En 2007, como parte de la Conferencia Billboard de Música Mexicana, Jenni participó en un panel titulado "Las mujeres de la música mexicana", junto con Diana Reyes, Marisol y Vicky Terrazas (Horóscopos de Durango) y Graciela Beltrán (sí, Graciela y Jenni participaron juntas en un panel y fueron sumamente profesionales). Fue un panel fascinante, donde este grupo de mujeres exitosas habló francamente de los retos que tenían en un ámbito dominado por hombres.

Ya en 2009, Jenni había pasado a otro plano. Su carrera estaba en franco ascenso, y la invitamos nuevamente a la conferencia, pero esta vez como parte de lo que ya era "La Dinastía Rivera".

"La familia Rivera representa la esencia de la música regional y de la comunidad mexicana en los Estados Unidos", dijo a *Billboard* Gustavo López, quien en ese entonces era el presidente de Fonovisa y Disa Records, las disqueras de Lupillo, Juan y Jenni en aquel momento. "Su gran talento musical combinado con una excelente actitud hacia el negocio los han hecho —y seguirán siendo— un ente poderoso".

Pero para ese entonces, la más poderosa ya era Jenni. Llegó al panel vistiendo un ajustado pero sobrio sastre negro de lana, con una blusa de seda negra sin escote. Llevaba su cabello recogido y se veía juvenil, esbelta, hermosa y sumamente profesional.

Jenni sabía delimitar perfectamente bien su papel de "Diva" en el escenario y su papel de mujer seria y profesional, cabeza de su carrera y sus empresas. En sus entrevistas, Jenni siempre habló con propiedad de sus negocios y su música. A diferencia de muchos otros artistas que prefieren quedarse en la superficie de los comentarios, Jenni desde siempre analizó su música y se analizó a sí misma con objetividad. Tenía muy en claro que su éxito no era un accidente y que tampoco era meramente el resultado de componer buenas canciones y hacer buena música, como muchos artistas suelen decir con desfachatez, como si no se les hubieran metido millonarias sumas de dinero en marketing y promoción. Jenni habló, en cambio, de un plan, de un trabajo, de objetivos y de un control. Y con su padre y sus hermanos también hablaron de sus comienzos y de su unidad y de la importancia del apoyo del núcleo familiar. Fue una conferencia informativa pero, más que todo, emotiva, y Don Pedro en más de una ocasión dejó asomar las lágrimas.

Ya para entonces, Jenni se encontraba grabando *La Gran Señora* acompañada del Mariachi Sol de México de José Hernández. Era su primer álbum con mariachi y ella estaba supremamente orgullosa de ese hecho; no solo por ser su primero sino porque era tan poco usual en ese momento (y ahora) que una mujer cantara acompañada de mariachi.

Además, grabar con mariachi era vocalmente más exigente, y Jenni tuvo que llevar su voz a otro nivel. Cuando hablamos de *La Gran Señora* en *Estudio Billboard* en 2010, Jenni cantó temas en vivo, acompañada de su guitarrista. Estuvo maravillosa; aun en este escenario íntimo y acústico, su voz sonaba potente y afinadísima, y tenía ese toque de bravura que requiere el mariachi.

"Grabar con mariachi para mí era sumamente importante porque con eso me crie", me dijo Jenni en aquella ocasión. "Eso fue lo primero que escucharon mis oídos desde que yo estaba en la cuna. Entonces me gusta. Si algo me gusta interpretar es el mariachi. Pero después de que empiezas a funcionar en un estilo las disqueras son bien miedosas. Les da miedo que el artista vaya y busque en otros estilos porque piensan que va a perder el público que tienen o quien sabe qué va a suceder. Y aparte con el mariachi hace muchos años solo los grandes han funcionado. Un Pepe [Aguilar], un Vicente [Fernández], un Alejandro [Fernández]; siempre han sido los mismos. Y no era muy comercial para artistas nuevos. Y tampoco para mujeres".

Pero Jenni no era cualquier mujer. En diciembre de 2009, *La Gran Señora* debutó en el puesto número 2 del ranking Top Latin Albums de Billboard y en el número 1 del ranking Regional Mexican Albums, donde permaneció por cuatro semanas. Hasta el momento, ningún álbum de Jenni había permanecido por tanto tiempo en el primer lugar. La popularidad de Jenni siguió en ascenso, y durante los primeros seis meses de 2010, mi equipo de producción y yo intentamos numerosas veces tenerla en *Estudio Billboard*, el programa de entrevistas íntimas, acompañadas por presentaciones acústicas, que yo presentaba por el canal V-Me. En agosto, finalmente nos llegó la buena noticia, vía Arturo Rivera, el publicista de Jenni (y quien también moriría con ella en el accidente aéreo). Jenni podía venir a los estudios de *Estudio Billboard* en Ciudad de México el 21 de agosto. La haríamos viajar en avión ese mismo día de San Luis Potosí, donde tenía un concierto el 20 de agosto, y al día siguiente la mandaríamos a Zacatecas, donde tenía otro. En otras palabras, Jenni tenía comprometido cada minuto de sus días.

El 21 de agosto, Jenni llegó a *Estudio Billboard* acompañada de su mánager, su asistente y Arturo Rivera, un grupo pequeño de gente dada su calidad ya de superestrella. Con el horario que llevaba, tenía que estar exhausta, pero no lo demostró, aunque sí la noté un poco reservada tras bambalinas, quizás porque no sabía a ciencia cierta qué le iba a preguntar. Fui a verla a su camerino para explicarle de qué hablaríamos: su carrera, su música, su vida, sus canciones. Cuando ya se sentó junto a mí vestida de "entrevista" —pantalones negros ajustados, zapatos negros altísimos, una blusa negra escotada y encima una chaqueta de cuero y multitud de pulseras y collares—, Jenni era la diva; pero a lo largo de la entrevista, nunca dejó de ser la mujer que hablaba siempre honesta y abiertamente. Fue una de las mejores entrevistas del ciclo de *Estudio Billboard*, puntualizada por interpretaciones en vivo de varias de sus canciones, acompañada de sus dos guitarristas y dejando ver una madurez musical notable.

"Este disco de mariachi que ha sido tan importante para mí, por lo que te digo: no era comercial para una mujer cantar mariachi, y yo fui la productora, música y ejecutiva, y seleccioné uno de los primeros temas que se llama 'Ya lo sé'. Habla del dolor que yo siento al saber que esa pareja ya no va a regresar a mí", me contó durante la entrevista.

Jenni no especificó quién era la pareja; si era su ex esposo, Juan, cuya muerte ese verano le había dolido infinitamente a Jenni; o si era una de las tantas historias con las cuales se podían identificar sus fans. Lo que sí es cierto es que a fines de 2009, le pasó algo mucho más importante que cualquier disco o cualquier pareja. El 19 de noviembre a las 6:29 de la mañana, nació su primera nieta, Jaylah Hope, la hija de Jacquie.

Nuevas esperanzas

Jenni adoraba a su nieta Jaylah. La adoraba con todo su corazón y lo decía a los cuatro vientos.

"El ser abuela ha sido, no sé, la bendición más grande que he vivido en los últimos años", me dijo en *Estudio Billboard*. "Tengo la dicha de ser madre. Fui madre soltera por muchos años. Soy madre soltera. Y amo a mis hijos. Los adoro. Los quiero. Todo lo que soy lo soy porque ellos existen y ellos fueron ese motor que me hizo luchar para lograr lo que hemos logrado. Pero el ser abuela me ha traído tanta felicidad. Es una felicidad y un gozo inexplicable el saber que esa niña lleva mi sangre pero que yo no soy completamente responsable por ella. Ella tiene madre. Pero yo la adoro. Es el dulce de mi vida en este momento".

Un par de años después, ya cuando tenía su programa de telerrealidad *I Love Jenni* por la cadena mun2, se dedicó casi un show entero a la dinámica entre Jenni, Jaylah y Jacquie, donde se mostraba lo apegada que era Jaylah a su abuela —y viceversa— y también a lo parecida que era la chiquita a Jenni. En el episodio, se ve a Jenni enseñándole a Jaylah cómo cantar sus canciones, cómo mover sus brazos frente a la televisión. Jenni la maquilla, la viste y la peina. Le estaba enseñando a "ser diva", le dice a su hija Jacquie, quien en un comienzo se ve consternada pero luego sucumbe a los encantos de la situación.

Efectivamente, la llegada de Jaylah fue como una bendición para Jenni después del choque que fue la muerte de Juan. Pero además de Jaylah, Jenni había encontrado un nuevo amor. Se llamaba Esteban Loaiza y, a diferencia de sus dos ex maridos Trino y Juan, él era famoso; tan famoso como Jenni, pero en un campo diferente. Esteban era beisbolista profesional —un pitcher que había jugado para los Chicago White Sox y los Los Angeles Dodgers. Cuando conoció a Jenni estaba jugando en México. Más allá de la fama, tenían otras cosas en común: ambos habían sido criados en California, pero ambos mantenían lazos estrechos con sus raíces mexicanas; ambos hablaban español e inglés; y ambos venían de familias humildes.

Jenni sabía bien quién era Esteban porque ella era fanática del béisbol, y por allá en 2003, cuando él era pitcher de los White Sox, lo veía por televisión. Lo que Jenni desconocía era que Esteban también sabía quién era ella. Y en una de esas vueltas que da el destino, él fue a ver uno de sus shows, no en Los Ángeles sino en Sinaloa.

"Siempre fui beisbolera, pero no fue hasta cinco años después, en 2008 en Mazatlán, Sinaloa, diciembre, que me dijeron que [Esteban] estaba jugando con los Tomateros de Culiacán y que estaba ahí en Mazatlán", le contó Jenni a Susana Heredia en una entrevista en *TVNotas*. "Era el 7 de diciembre y yo iba a tocar. Y mandaron decir a la gente de mi equipo pues, que él iba a ir al concierto, iba a llevar a su mamá, iba a llevar a su tía y que querían conocerme. Más bien que le mandara un saludo. Y eso hice en el escenario".

La gente de Mazatlán se conmocionó cuando Jenni presentó a Esteban ya que él era una especie de héroe de la zona. Como bien le siguió contando a Heredia en la entrevista: "Él subió al escenario y la gente gritaba 'beso, beso', y yo tan penosa que soy, imagínate, y ya fue cuando me apoderé de la situación y cuando él iba bajando del escenario, ya se había volteado, me dio un abrazo, me felicitó y se dio la vuelta. Y desde el micrófono le llamé. Le dije, 'Oiga', y ante cinco mil personas le dije: 'Pues la gente quiere que usted me haga un niño'. Ese fue el *hook*", rio Jenni contando la historia.

Y sí, ese fue el *hook*. La relación entre Esteban y Jenni prosperó durante 2009, y el 21 de enero de 2010, mientras cenaban en un restaurante con los hijos de Jenni, le propuso matrimonio. Al escuchar sus palabras, a Jenni se le derramaron lágrimas de felicidad. De hecho, la petición vino un día 21 ya que el número 21 era de especial significado para Esteban, porque era el que casi siempre había llevado en su camiseta.

Meses más tarde, en 2010, sentado ya con su esposa en *Don Francisco Presenta*, Esteban diría que lo que le atrajo de Jenni fue su sonrisa, lo atrevida que era y las cosas que decía. Jenni, por su parte, admitió que al principio Esteban le atrajo físicamente: "Lo vi alto, guapo, barbón", le dijo a Don Francisco. "Pero ya después de platicar toda esa noche, duramos dos días platicando, escuchando música, caminando por la playa, cenando. Pude conocer mucho de él: es un hombre sencillo y muy generoso. Generoso con su tiempo y conmigo. Hay que tener muchísima paciencia para estar conmigo".

En un video casero que se emitió en el programa, se ve a Jenni sentada junto a Esteban en el restaurante cuando él saca la pequeña caja con el anillo y se la presenta a Jenni. Tanto la cantante como sus niños gritan de la emoción, y fuera de cámara, se escucha una voz que dice, "Mami, *give him an answer*! (Mami, ¡dale una respuesta!)".

"Y […] obviamente le dije que sí y nos casamos el 7 de septiembre de ese año", contó Jenni en *Don Francisco*.

Fue una boda de ensueño, llena de familia y celebridades, entre los que estuvieron Tito "El Bambino", un amigo de Jenni que le cantó mientras bailaban en la fiesta.

"Yo nunca pensé que me iba a casar como una novia", le dijo Jenni a Don Francisco. "Nunca me había casado así. Desde la propuesta hasta los detalles, me casó mi hermano Pedro, rodeado de mis hermanos, todos mis hijos, fue un día muy, muy emotivo".

Escuchar a Jenni recordar su boda es supremamente emocionante. Pese a sus dos relaciones y sus cinco hijos, nunca había tenido la boda de sus sueños. Después de tantos traspiés y reveses, parecía que por fin había encontrado el amor, y con alguien que no solo la quería a ella sino que también quería a sus hijos.

"Soy una mujer muy bendecida por Dios", le dijo Jenni a Don Francisco. "Tengo trabajo, una exitosa carrera, y mis hermanos siempre decían, 'lo que le falta a Jenni es un buen hombre para que ya no navegue por la vida sola con sus hijos'. Y mis hijos son lo más importante para mí, y era para mí muy importante que mis hijos aceptaran a Esteban".

Con una dinámica familiar estable y sólida, la vida de Jenni también pareció cobrar nueva calma. Su fama crecía, pero de alguna manera, parecía encontrar más tiempo para estar junto a sus hijos.

"Son mi adoración y son la razón por la cual ha sucedido tanto", contó cándidamente Jenni en la entrevista en 2011 con la periodista Susana Heredia para *TVNotas*.

Jenni hablaba mucho y a menudo de sus hijos, y por supuesto, ellos fueron la base de su programa de telerrealidad, *I Love Jenni*. Su mayor, Chiquis, fue el gran motor que echó gran parte de su carrera adelante. Por Chiquis, dijo Jenni, fue que empezó a luchar y vivir, y por ella también se concentró en terminar sus estudios, para poderle dar un buen ejemplo y una vida mejor. Más allá de la relación madre-hija, Chiquis se convertiría en la mano derecha de su madre, tanto en lo familiar —ayudando a cuidar a sus hermanos— como en los negocios. En *I Love Jenni*, era común ver a Chiquis en la oficina de su madre.

Jacquie, decía Jenni, era su "niña rebelde", más noviera y amante de salir a bailar. Pero Jacquie también le dio a Jenni la gran alegría de su vida: su primera nieta, Jaylah. Su hijo mayor, Michael, quien se cambió el nombre de Trinidad a Michael, unos meses antes de la muerte de Jenni, le brindó otro regalazo al tener su primera hija, Luna, la segunda nieta de Jenni. Por otro lado, Jenicka, la cuarta hija de Jenni, amaba la música, según su madre. Estudiaba tanto guitarra como canto e iba mucho a la iglesia. Y su menor, Johnny, con quien a menudo viajaba, soñaba con ser el próximo Steven Spielberg o James Cameron.

Jenni estaba tan y tan orgullosa de sus hijos que les abrió la puerta para incorporarse a la vida artística, si así lo querían. La primera fue, por supuesto, la mayor, Chiquis.

Una carrera multimedia

Jenni llevaba años hablando de hacer televisión y desde hacía por lo menos cinco, ya le habían propuesto hacer un programa de telerrealidad. Pero Jenni no quiso comprometerse mientras todos sus hijos eran pequeños; no le parecía bien ponerlos frente a una cámara sin su consentimiento. Entonces esperó hasta sentir que el momento era el apropiado.

"Siempre me habían pedido un *reality show* de mi vida, de lo que yo hago artísticamente, en mis giras, en mis grabaciones, en mis entrevistas", me contó Jenni en *Estudio Billboard*. "Pero siempre querían esa parte de Jenni como mamá".

Jenni accedió —hasta cierto punto. En el verano de 2010, la cadena bilingüe mun2 empezó a transmitir *Jenni Rivera Presents: Chiquis & Raq-C*, un programa de telerrealidad sobre dos jóvenes latinas en Los Ángeles: Chiquis y su amiga, la personalidad radial Raq-C (Raquel "Raq-C" Cordova). El rol de Jenni era como productora ejecutiva, pero gran parte del show mostraba a la diva con su familia.

"No estoy completamente al frente", me dijo Jenni en *Estudio Billboard* en otoño de 2010. "En algunas escenas estoy en cámara, pero por lo regular estoy detrás de cámaras. Y no es raro para mí. Al contrario, es relajante ver que las ideas que yo tengo las estamos grabando, seleccionar qué es lo que quiero y qué no quiero. Es otra faceta de lo que es Jenni Rivera como productora. No me molesta. Al contrario, me gusta; me gusta que brillen otras personas".

Jenni Rivera Presents: Chiquis & Raq-C se estrenó el 3 de julio de 2010 en el horario de las tres de la tarde. Aunque el show se centraba en Chiquis y Raq-C, había mucho de Jenni que sus fans jamás habían visto: Jenni en su casa relajándose; Jenni la ejecutiva en su oficina, trabajando hombro a hombro con Chiquis, su mano derecha; Jenni llegando exhausta después de tocar mil shows para ser recibida por sus hijos y una comida casera para el día de la madre. La respuesta en las redes sociales fue inmediata: los fans querían más. Más de Jenni, quien era irresistiblemente real. Más de Chiquis, quien era linda, dulce y llena de personalidad.

Los fans ya sabían que Jenni era Jenni. Pero si alguien había sorprendido, era Chiquis, quien poseía el carisma de su mamá, una sonrisa irresistible y también una dulzura que traducía excepcionalmente bien en cámara. Chiquis era, como dicen en inglés, *a natural,* una natural. Esto despertó aún más curiosidad en los fans de Jenni, y ahora querían ver más de su familia. Y Jenni respondió.

Al año siguiente, renegoció su contrato con mun2 y regresó con lo que sería una nueva versión del programa, esta vez llamado *I Love Jenni.* Esta nueva versión iba dedicada a la vida diaria de Jenni y su familia: sus cinco hijos y, ahora, Esteban. Como todo lo que tocaba Jenni, se convirtió en oro.

El 5 de marzo de 2011 a las dos de la tarde, mun2 estrenó *I Love Jenni,* el cual rápidamente se volvió el show más exitoso en ratings para la cadena.

Era algo que muchos en la cadena habían esperado, pero aun así, el carisma de Jenni sorprendió. "Una vez que las cámaras empezaron a rodar, nuestra productora, una chica de Nueva York, dijo, 'Dios mío, esta mujer es increíble'. No tienes que conocer su música para saber que es una estrella", recordó Flavio Morales, el vicepresidente sénior de programación y producción para mun2, después de la muerte de Jenni. "Una vez que empezó la serie, lo sorprendente fue la consistencia de los ratings y la calidad de televidente que atraía. Ella atraía una latina que tenía un ingreso más alto y que era más bilingüe que la de los otros shows que producíamos. Y pudimos mostrar a Jenni: era la mamá que tenía que levantarse y hacerse cargo de sus hijos, aun si solo había dormido dos horas. Una vez llegó tarde a una reunión, y fue porque acababa de llegar del aeropuerto. Era una mamá que trabajaba. Este era un show sobre una mamá que trabajaba".

Ahora bien, el carisma de Jenni en televisión había sido comprobado aun antes de *I Love Jenni*. No solo por los cientos de entrevistas que Jenni hacía constantemente, sino también por el tiempo en 2001 y 2002 que pasó como juez en la competencia musical *Tengo Talento, Mucho Talento*, que se transmitió por Estrella TV. La Jenni de *Tengo Talento* era la cantante, la diva, la estrella que muchos concursantes tímidamente pedían besar en la mejilla. Jenni siempre lo permitía. Porque más allá de todo lo demás, en aquel show ella era la amiga, la confidente, hasta la mamá de todos ellos; una mamá muy sexy, era cierto, pero aun así Jenni era capaz de entablar una relación con los concursantes, y todo lo que decía resultaba importante y divertido.

I Love Jenni era otra cosa completamente diferente. Al ser un programa de telerrealidad sobre Jenni y sus hijos, mostraba un poco de todos los miembros de la familia inmediata de Jenni, pero primordialmente se centraba alrededor de ella (por supuesto) y de Chiquis. Además, había un nuevo elemento: Jenni ya estaba casada con Esteban Loaiza, y el pelotero traía una especie de efecto neutralizante a la dinámica familiar. La familia de Jenni era bulliciosa, activa, elocuente, habladora. Todo lo hacían, en grande. Esteban era calmado, tranquilo, casi zen.

"Mi mamá es una mujer muy fuerte y necesita alguien que la balancee", dijo Chiquis en Latina.com en marzo de 2011. "Esteban es un tipo muy tranquilo. Es una buena suma a la familia porque deja que mi mamá sea quien es. Si ella está de mal genio, él la deja quieta. Es un hombre tan seguro que sólo dice, 'OK, se te va a pasar y yo voy a estar aquí tranquilo y cuando estés contenta otra vez, puedes venir y hablarme'. Esteban definitivamente le ha traído mucha estabilidad a nuestro hogar, lo cual es maravilloso".

Luego agregó Chiquis: "Creo que el show es increíble porque es diferente. No estamos tratando de ser gente chiquita y flaquita. ¡Somos grandes, comemos, y así somos! Es más bien crudo".

Más que crudo, *I Love Jenni* era real de una manera refrescante, y su protagonista aparecía un día en traje de gala y otro en jeans y sin maquillaje. Jenni practicaba boxeo y hacía dieta, tomaba tequila en el escenario y jugaba con Jaylah. En un episodio de la segunda temporada, amanece en Los Ángeles, exhausta, y se va al aeropuerto en sudadera, rumbo a Miami para los Premios Billboard. Y al llegar, enseguida se transforma en la diva fabulosa. Todas las cosas que Jenni decía ser —la madre, la empresaria, la diva, la cantante, pero también, la mujer real con problemas reales— se manifestaban en su show sin ningún tapujo. Jenni siempre había sido real, pero en *I Love Jenni*, bajó todas las barreras; sus fans tenían pleno acceso a ella, a su casa, a su vida, a su familia. Y con todo y eso no se saciaban, todavía querían más.

La primera temporada de *I Love Jenni* fue un éxito de ratings total. Tanto que en noviembre de 2011, Jenni firmó un lucrativo contrato a largo plazo con mun2 para producir una serie de programas, incluyendo las siguientes temporadas de *I Love Jenni*.

En una entrevista con *Billboard* en noviembre de 2011, Pete Salgado, el mánager y amigo de Jenni, quien coproducía *I Love Jenni* con ella, dijo que el acuerdo con mun2 era multimillonario. "La carrera de Jen siempre ha tenido que ver con romper barreras", dijo Salgado en aquella entrevista. "Y creo que hemos logrado eso —una familia mexicoamericana que son como los Kardashian. Puede que comamos otro tipo de comida, pero somos tan americanos como el *pie* de manzana". Como parte del acuerdo, Jenni también produciría un nuevo proyecto para Chiquis: *Chiquis N' Control*.

"Mun2 se ha convertido en un segundo hogar para mí", dijo Jenni en un comunicado de prensa. "Estoy contenta de continuar y crecer nuestra relación y mostrar mi vida loca —mi vida, mi visión y mis sentimientos— a los fans. He construido mi carrera sobre honestidad, realidad y creando la carrera más vibrante e impactante para mis fans y mi familia".

I Love Jenni se convertiría en la serie original más exitosa de mun2. "Jenni es un ícono", dijo Diana Mogollón, la gerente general de mun2 a *Billboard*. "Jenni representa la visión de mun2: multicultural, bilingüe, influyente y representando el estilo de vida americano que es emblemático de nuestros televidentes".

Pero así como Jenni podía llegarle al público bilingüe y multicultural, también podía llegarle al público completamente angloparlante y también podía llegarle a su raza que solo hablaba español. Con este último público sentía especial conexión y siempre lo decía. Eran como ella. Era su gente.

Jenni además tenía una gran meta que repetía frecuentemente: quería ser la Oprah latina. Que conectaba con el público era claro, pero ella deseaba llevarlo al siguiente nivel. Y en octubre de 2011 empezó a salir al aire su programa de radio *Contacto directo con Jenni Rivera*. En *Contacto directo*, que Jenni por supuesto producía, la diva estaba frente al micrófono todos los miércoles de diez de la mañana a dos de la tarde hablando con sus oyentes y, en un segmento particular llamado "¿Qué haría Jenni?", contestando directamente las preguntas de sus fans.

Al igual que con su programa de televisión, Jenni había por años pensado en hacer un programa de radio. La oportunidad le llegó con la cadena Entravisión a través de su vicepresidente de programación, Nestor Rocha.

"Nestor nos trajo el concepto con Jenni", contó a *Billboard* Jeffrey Liberman, el COO de Entravision. "No habíamos hecho nada así —no con una estrella conocida. Y ella hablaba de su vida, tomaba llamadas —casi todas de otras latinas— y era una inspiración".

"Ella quería tener el contacto directo con sus fans", le dijo Nestor Rocha a Billboard después de la muerte de Jenni. "Obviamente no puedes tener eso en un concierto y un programa de televisión es pregrabado. Aquí tenía el contacto directo y podía ver exactamente qué querían sus fans. Ella quería hablar con alguien. Y todo lo que le sucedía lo contaba en vivo a sus oyentes. Decía: 'Esto es cierto, esto no es cierto'".

A Jenni le encantaba su show de radio, y *I Love Jenni* varias veces lo filmó mientras estaba en el aire, por lo menos en una ocasión con su hermana Rosie en el micrófono de al lado.

"En *Contacto directo*, en mi programa es donde puedo clarificar y el público está listo para escucharme", dijo Jenni en la Conferencia Billboard de 2012. "Y si no doy entrevistas, puedo clarificar cualquier rumor, cualquier noticia, cualquier chisme".

Para Jeff Liberman y su cadena, tener a Jenni al aire fue mucho más que sencillamente tener una estrella en la cadena. "Pensábamos que era importante darle una voz a las latinas en Estados Unidos. Ninguna estación de noticias se había enfocado en eso. Y Jenni era muy única. Aparte de ser una estrella regional mexicana y muy distinta, lo que hacía que Jenni fuera particularmente única era que con todo lo que tenía —sus programas de televisión y radio y sus empresas— nunca se olvidó de la latina en Estados Unidos. Y a través del programa de radio, estaba conectada con esa latina por cuatro horas cada vez. No veo que nadie más esté haciendo eso".

Igualmente importante, Jenni asumió su programa radial de la misma manera en que asumió sus discos, su música, sus presentaciones, su show de televisión: con 100% de dedicación y supervisando cada detalle.

"No puedo decirte la cantidad de horas que Jenni le dedicó a ir con nosotros a distintas marcas para hablar sobre su visión del show", le dijo Liberman a *Billboard*. "Yo diría que su deseo de ayudarnos nos ayudó a vender el show [...] Y no puedo decirte cuántas veces estaba en Miami, por ejemplo, y a la mañana siguiente estaba con nosotros. Muchos artistas no hacen eso. Los artistas son demasiado artistas".

Jenni era quizás la más diva de las divas. Pero siempre fue una diva con los pies en la tierra y una diva que creía firmemente en el poder y el apoyo de sus fans y su gente. Para Jenni, a diferencia de la mayoría de las artistas femeninas, ser fabulosa no quería decir poner distancia con el público. Al contrario: entre más fabulosa y más famosa era, más acortaba la distancia entre ella y los que la seguían. Y Jenni nunca, nunca olvidó de dónde venía.

El 1 de julio de 2011, Jenni y su esposo Esteban fueron honrados cada uno con estrellas en el Las Vegas Walk of Fame, convirtiéndose en tan solo la segunda pareja entre todas las estrellas en recibir ese honor (la primera fue la de Emilio y Gloria Estefan). Las estrellas de granito, que pesaban 200 libras cada una, se instalaron en el Las Vegas Strip afuera del MGM Grand Hotel & Casino cerca de estrellas dedicadas a luminarias como Dean Martin, Elvis Presley y Frank Sinatra.

Un par de semanas después, un soleado martes, 26 de julio de 2011, Jenni llegó a su vieja escuela secundaria, el Long Beach Polytechnic High School, para recibir una estrella en el Poly Walk of Fame. Sería la quinta persona notable en ser honrada por la escuela: unas semanas antes, el ex alcalde de Long Beach, Beverly O'Neill, la cantante Thelma Houston, el ex jugador de fútbol de la NFL Willie Brown y la estrella del tenis Billie Jean King también habían recibido estrellas.

Jenni fue al evento luciendo un escotado vestido diurno de color azul y un gran sombrero negro. Se veía glamorosa y bella a la vez. "Esta jovencita es una inspiración", dijo el concejal Dee Andrews al llamarla al estrado.

Jenni se paró frente a los micrófonos, luciendo joven y radiante, y dijo: "Yo era la "nerda" que toqué en la banda en este mismo campo y no había regresado y se siente muy bien estar acá. Yo tocaba mi música en esa época y estoy aquí nuevamente por mi música y se siente bien. Gracias a todos ustedes que pensaron en mí —una chica sencilla de Long Beach, California— para recibir una estrella en Poly High School. Y gracias por recordar que yo vine de aquí", agregó, secándose las lágrimas. "Yo nunca lo olvido".

Televisión, radio, estrellas. El año 2011 fue un gran año para Jenni. Pero no terminaría ahí. En ese mismo año Jenni Rivera dio otro paso más en su carrera: incursionó en el cine.

Jenni llega a la gran pantalla

J enni era una artista entretenedora por naturaleza, de aquellas que brillaban en cámara y en cualquier situación pública. En persona, Jenni no tenía aires de diva; no andaba con miles de personas a su alrededor, siempre estaba dispuesta a saludar, abrazar y besar a sus fans, nunca negaba fotos ni entrevistas. Pero en el escenario y en la pantalla, Jenni se transformaba en diva, en el mejor sentido de la palabra; era imposible quitarle los ojos de encima.

Con esas cualidades, sumadas a su programa de televisión y a su personalidad dispuesta a probarlo todo, uno pensaría que Jenni habría incursionado en la actuación hacía tiempo. Pero no fue así. De todas las disciplinas, esta era una que poco le llamaba la atención.

"La actuación nunca ha sido mi pasión", dijo Jenni durante la Conferencia Billboard en abril de 2012. "Y no ha sido mi pasión porque me subo a un escenario, canto una canción y de ahí me agarro y no hay quién me regrese. Soy demasiado perezosa para repetir las cosas. Me subo al escenario, canto, me canto mis cuarenta canciones, me pagan y me voy. En la actuación tienes que repetir una escena cinco, seis, siete veces".

Pero mientras Jenni vivía su carrera, el legendario actor y director Edward James Olmos le había puesto el ojo para un papel en *Filly Brown*, una película que iba a ser dirigida por su hijo, Michael Olmos, con Edward James Olmos como productor ejecutivo. Y cuando recibió esa invitación, por más de que nunca había contemplado actuar, no la pudo descartar.

"Lo hice porque me llamó Edward James Olmos personalmente, y cuando escuchas esa voz de ese ícono, de ese padrino de Latin Hollywood, como digo yo, entonces piensas, 'Él ve algo en mí que yo no veo en mí misma'. Y dije, 'deja intentarlo', y lo hice".

Pero Edward James Olmos no era cualquier artista o personalidad. Como Jenni, él era de California —de Los Ángeles— y al igual que Jenni, era un mexicoamericano que había triunfado pese a tener pocas oportunidades y mil factores en su contra.

Jenni no solo aceptó el rol sino que se lo tomó totalmente en serio, como todo lo que hacía. Pasó un mes entero ensayando con sus coestrellas (un episodio de *I Love Jenni* la muestra tomando clases de actuación) y asumió un rol que era muy distinto a como se veía ella en la vida real.

Filly Brown cuenta la historia de "Majo" Tonorio, una joven rapera de Los Ángeles en busca de su voz y del estrellato pese a estar rodeada de adversidades. Jenni hace el papel de su madre drogadicta, quien está encarcelada y trata de mantener una relación con su hija, aun tras las rejas. También grabó una canción, "Hurts So Bad", junto a Olmos para la banda sonora de la película.

Cuando se vio en pantalla, Jenni se sorprendió. "No podía creer que una mujer como yo, ahí era *stripped down*. Sin maquillaje era una chola en prisión, con tatuajes, drogada, todo lo que yo no soy", contó durante la Conferencia Billboard. "Y era una mala madre. Entonces para mí que mi gran deseo en la vida, mi meta en la vida es decir que pude sacar a mis hijos adelante sola y que hice buen trabajo, el meterme en ese papel al cual no soy nada como eso, siento que fue un logro muy importante".

El rol de Jenni era emocionalmente poderoso pero pequeño. De hecho, Jenni aparece tan poco tiempo en pantalla que Youssef Delara, codirector de la película, no pensó que aceptaría el papel. Además, como producción independiente, *Filly Brown* pagaba muy poco a sus actores, sólo un par de miles de dólares.

"Era mucho pedir a una mujer de su calibre", dijo Delara al *Los Angeles Times* en una entrevista del 10 de diciembre de 2012. Pero como siempre, Jenni hizo lo que le nació hacer. Además, sin que nadie lo supiera, Jenni pidió al director que regalara su salario a uno de los fotógrafos del set, un hombre mayor quien Jenni pensó necesitaba el dinero.

Filly Brown ya se exhibió en Sundance y se estrenará en unos cien teatros en abril de 2013. Para Olmos, el responsable de la actuación de Jenni, la película era apenas el comienzo de lo que él pensaba hubiera sido una gran carrera para Jenni en pantalla.

"Jenni fue una fuerza increíble", dijo Olmos al *Hollywood Reporter* después de su muerte. "Desde el principio he dicho que podría ganar un Oscar por su trabajo en *Filly Brown*".

La cima de los escenarios

Las presentaciones en vivo de Jenni eran legendarias. Sus shows eran largos y supremamente elaborados para una artista regional, con gran atención al detalle en la puesta en escena, las luces, el video y el vestuario. Jenni podía subir al escenario vestida de negro —falda o pantalones ajustados— y se echaba sus tragos con sus fanáticos mientras cantaba acompañada de su banda. Luego venía un segmento con mariachi, y ahí se ponía esos hermosísimos vestidos largos, de colores vistosos, con flores bordadas y un largo chal alrededor de sus hombros.

Sin embargo, más allá de lo elaborados y visualmente hermosos que eran, sus shows se concentraban en el contacto con el público. Pocos artistas pop permiten que sus fans suban al escenario. Jenni no solo lo permitía; lo incitaba. Sus fans venían, la abrazaban, se echaban tragos con ella. Ir a una de sus presentaciones era como ir a una gran fiesta. Y Jenni siempre dejaba todo sobre el ruedo. Tocaba un jueves y entregaba todo de sí. A la noche siguiente, volvía a hacer lo mismo. Su contenido emocional parecía no tener fin.

"Mis presentaciones son muy emotivas, son reales", dijo después de su último concierto en Monterrey. "Entonces sí hay mucha fiesta, mucha diversión. A mí me pagan por entretener a la gente que se atreve a comprar un boleto para vivir la experiencia de Jenni Rivera en concierto. Y esa experiencia incluye todo lo que es la artista y la mujer. Entonces me entrego completamente. Soy muy apasionada. Mi público como pueden ver son exageradamente apasionados. Sentimentales. Ellos viven mi vida. Y saben. Yo no les tengo que decir nada, ellos me están viendo. [...] Se meten en mi vida y yo como intérprete tengo que meterme en lo que estoy haciendo para que queden contentos".

Jenni fue muy constante a lo largo de su carrera: fue constante en sus objetivos, en sus filosofías y en sus actitudes. Y siempre dijo que la mujer que sus fans veían en el escenario era, en efecto, Jenni Rivera.

"En cada una de mis presentaciones simplemente trato de que mi público me conozca como soy", dijo Jenni en una entrevista para *Radio al Aire* en 2003. "No solo como la artista que ven en la televisión y revistas si no que vean a la mujer cantando en persona y que me conozcan un poco más. Jenni Rivera la mujer es casi lo mismo que la artista. Soy una persona real que tiene sentimientos al igual que la gente de mi público. Vengo del pueblo y soy para el pueblo, vengo de la raza y soy para la raza. No vengo al revés como muchos artistas que nacen en cuna de oro y que no se pueden bajar al nivel de nuestra gente. Yo simplemente canto, me pagan por cantar pero es algo que me gusta muchísimo hacer y me gusta compartirlo con el público y que el público se sienta identificado conmigo".

Jenni hacía muchas cosas sobre el escenario. Cantaba. Hacía brindis. Intercambiaba objetos con su audiencia: ropa, anillos, muñecos. Las anécdotas de los sucesos en los shows de Jenni eran legendarias. Besaba a sus fans, se acostaba en el piso, En una ocasión, en un palenque en Sonora, hasta se quitó su *brasier*.

Cuando le preguntaron en una entrevista en *Aquí y Ahora* si se había tomado unos tragos antes de hacerlo, Jenni se rio de buena gana y dijo: "Al contrario, estaba buena y sana. Fue en un palenque en Sonora, y empezaron a tirarme *brasieres* y *brasieres* y eran puros *brasieres* chiquitos. Y dije, jugando, bromeando, 'Cuando me avienten uno que sea de mi tamaño me quito el mío'. Y así fue".

Pero Jenni muchas veces sí bebía en sus shows —como lo hizo en Monterrey— y muchas veces brindaba desde la primera pieza. Era parte de su presentación y parte de lo que la acercaba a su público, pues brindaban juntos. En la misma entrevista, cuando le preguntaron si bebía alcohol en los shows, contestó: "En algún momento me preguntaron, 'Jenni, ¿es cierto que tienes problemas con el alcohol?' Y yo dije, 'No, nos llevamos muy bien'".

La realidad es que Jenni no tenía problemas con el alcohol. Pero sí entendía que echarse sus tragos sobre el escenario era un ingrediente esencial para poderse acercar lo más posible al público.

Pero la gran cualidad que diferenciaba a Jenni de la mayoría de los otros intérpretes —masculinos y femeninos— era que su capacidad de convocatoria era tal, y su público era tan fiel y tan diverso, que podía tocar sus palenques y luego podía voltearse y tocar en teatros y salas de concierto y llenarlos todos.

En Estados Unidos, Jenni fue la primera artista de banda en tocar un show agotado en el Gibson Amphitheatre, en 2006. Fue la primera artista latina en vender dos noches en el Nokia Theatre, en 2009; se vendieron más de 12.000 boletos, recaudando casi $1 millón, según Billboard Boxscore, que tabula las ventas de boletos de conciertos. Jenni también fue la primera artista regional mexicana en tocar en el Staples Center, el 3 de septiembre de 2011. Asistieron más de 13.000 fans.

El periodista Justino Águila, quien reseñó el concierto para *Billboard* el 4 de septiembre de 2011, escribió: "El sueño americano llegó con rizos largos, tacones de seis pulgadas y un ajustado vestido color turquesa con una larga cola que terminaba en volantes blancos y espumosos detrás de la cantante Jenni Rivera".

Entró al Staples Center de Los Ángeles aquel sábado, llena de sorpresas como la primera cantante femenina de regional mexicano en presentarse en el recinto (el hogar de los Lakers). Las más de 10.000 personas que asistieron a aquel concierto no eran solo admiradoras de su música sino fans empedernidos que se aferraron a cada nota. Se pararon, bailaron, gritaron y repitieron la letra de decenas de baladas sobre amor perdido, hombres mentirosos, escapes románticos, supervivencia y poder.

Esa noche Jenni no solo celebraba a su público, sino una carrera que era 100% de su haber. Con ese lazo fuerte y constante que la unía a su audiencia, ahora se había convertido en una artista con años de experiencia, en una cantante angelina que había llegado lejos con una propuesta sencilla. Era accesible, fuerte, encantadora y le hablaba a una audiencia bicultural y bilingüe que también buscaba lograr sus sueños al igual que ella. Les servía de gran ejemplo ya que había logrado tumbar barreras y, con su bravado imparable, se había convertido en el máximo símbolo de lo que se puede lograr si no dejas que nada te quite las ganas de seguir adelante.

"'Ustedes pudieron haber estado en cualquier lugar esta noche, pero escogieron estar conmigo', le dijo Rivera a su audiencia. 'Sé que pudieron haber pagado cuentas con el dinero que usaron para este concierto, pero decidieron estar conmigo'. Rivera miró al suelo. Respiró profundamente y susurró: 'Gracias. Gracias'", escribió Águila en *Billboard*.

El 9 de diciembre de 2012, cuando Lucero Amador la entrevistó para el diario *La Opinión* y le preguntó cuál había sido su concierto más emblemático, o si todavía tenía que tocarlo, Jenni contestó: "Definitivamente ya lo tuve. Creo que el concierto en el Kodak Theatre [hoy Dolby Theatre] en 2005. *Sold out* [agotado]. Era la primera vez que yo me presentaba en un teatro, en un lugar con tanto prestigio, como ese, donde se dan los Oscar, donde han otorgado tantos premios y reconocimientos, entonces significaba mucho para mí".

Tocar en estos recintos es un logro mayor para cualquier artista. Son los mejores espacios de Los Ángeles, la capital del entretenimiento, para un concierto. Para Jenni tenían doble significado e importancia. Ella había crecido pobre en Long Beach, a minutos de estos lugares donde típicamente no cantaban artistas regionales mexicanos sino artistas pop o de jazz o clásicos. Estar ahora en estos escenarios no era solo un honor, sino que simbolizaba cuán lejos había llegado Jenni Rivera.

La diva de la moda

El día antes de su muerte, Jenni cantó en la Arena Monterrey luciendo muchos cambios de ropa distintos. Pero sin duda la prenda más destacada fue un hermoso vestido fucsia con un estampado de flores amarillas que corría diagonal sobre la figura de Jenni. Era un vestido estilo sirena que entallaba todo el cuerpo y luego se abría como un abanico de las rodillas para abajo. Jenni lo usó con un largo chal amarillo del mismo color de las flores —muchos de sus vestidos venían con su chal haciendo juego— y durante su presentación, a menudo abría sus brazos, dejando caer el chal a los lados de su cuerpo y girando a su alrededor para lucir mejor el bellísimo y trabajado traje que se abría a sus pies.

El público ya sabía que cuando iba a oír a Jenni cantar en uno de sus conciertos, cada vez que cantaba música ranchera llevaba puesto uno de esos vestidos espectaculares, muchos de ellos estilo sirena con flores y un chal acompañante. Eran diseñados por Adán Terriquez, un mexicano radicado en Huntington Park, California, que durante más de diez años diseñó los vestidos más suntuosos que vistió Jenni.

La relación de Jenni con Terriquez no era solo de diseñador a cliente sino que evolucionó para convertirse en una gran amistad. Se conocieron en 2001, cuando el hermano de Terriquez, quien en ese entonces maquillaba a Jenni, le dijo que la cantante quería que le diseñara un vestido. "Jenni me encargó un vestido negro para los Premios de la Radio de aquel año y ahí comenzamos a trabajar hasta la fecha… bueno, hasta hace unos días, que estuve en su casa midiéndole otros vestidos", dijo Terriquez después de la muerte de su amiga.

Cuando Terriquez empezó a trabajar con Jenni, él ya había diseñado para grandes figuras mexicanas, entre ellas Daniela Romo, Ana Bárbara y Beatriz Adriana, y ya era conocido por sus trajes de gala con acentos mexicanos. En Jenni encontró una muchacha angelina que solía vestirse de chamarras de cuero y sombrero norteño pero que poco a poco descubrió el glamour. Jenni se convertiría en su mayor clienta.

"A Jenni le estoy diseñando un estilo más que una moda. Algo que perdure", dijo Terriquez en una entrevista con el programa matutino *Levántate* en 2011, donde habló del vestido que le había diseñado para los Premios Billboard a la Música Mexicana. Y así fue. El público de Jenni ansiaba ver qué vestido le haría Terriquez, y a lo largo de los años él calculó que le hizo unos quinientos trajes.

Los que definirían el "estilo" Jenni del que hablaba Terriquez serían los vestidos sirena, que abrazaban las curvas de Jenni pero sin dejar asomar una sola de aquellas lonjas de las que ella se quejaba, y los vestidos mariposa con las mangas largas y anchas que simulaban la mariposa guerrera que Jenni personificaba. Los colores preferidos de Jenni para sus vestidos de gala —además del rojo— eran el rosa mexicano, el azul turquesa y el coral.

"El primer vestido sirena que le hice fue uno negro con alcatraces que usó en un concierto en el Ford [Theatre] hace como diez años", le dijo Terriquez a Andrea Carrión en una entrevista para *Los Ángeles Hoy* publicada el 13 de diciembre de 2012. "Yo le había advertido que no se agachara, porque el vestido era muy pegado. En un momento se agachó para agarrar a un niño y yo desde el balcón veo que se le abre el cierre en la espalda. Ella, sin problema alguno, dijo por el micrófono: '¿Dónde está mi pin... diseñador? ¡Que venga a arreglarme el vestido!'. Luego, mientras ella seguía cantando, yo le iba arreglando el vestido con unos seguros que había llevado su mamá. Terminado el concierto, me dijo con buen humor: 'Nunca más me hagas vestidos con cierres de los corrientes, compra de los buenos'. Así era ella".

Jenni siempre batalló con su peso y siempre buscó ropa que la hiciera ver delgada, pero que también celebrara sus curvas. No es coincidencia que sus vestidos casi siempre llevaran profundos escotes y estuvieran forrados en el trasero, una parte de su cuerpo de la cual siempre se quejaba entre risas, pero de la cual también vivía orgullosa.

Terriquez recordó que Jenni bajaba y subía de peso con frecuencia. Esto se vio reflejado en su apariencia a lo largo de los años y fue un tema que Jenni tocó a menudo en su programa de televisión, *I Love Jenni*. Siempre estaba ensayando alguna dieta nueva o haciendo esfuerzos por modificar los hábitos alimenticios de la familia.

Pero Jenni también había aprendido a amar su propio cuerpo y se había resignado al hecho de que siempre iba a ser llenita, una mujer con busto y trasero generoso, como muchísimas otras latinas. Aunque por años había tratado de acondicionar su cuerpo a la moda, finalmente había decidido que ella iba a acondicionar la moda a su cuerpo.

"No todas tenemos que ser 90-60-90", le dijo a la *Revista Mira* en marzo de 2005. "A mí me gusta ser nalguda y tener mi carnita aquí y allá. ¡Quien haya de dónde agarrar!".

En esa misma entrevista, Jenni comentó que tenía planeado lanzar su propia línea de ropa en 2006, diseñada específicamente para mujeres como ella —para sus fans: "No es fácil encontrar tallas para mujeres rellenitas como yo, así que trataré de que la colección sea dirigida a este público y será en una onda muy casual".

Jenni finalmente no lanzó su línea de ropa en 2006, pero sí siguió trabajando en ella a lo largo de los años, y —como con tantas cosas que decía y pensaba— ni su discurso ni sus objetivos cambiaron jamás. En abril de 2012, cuando invité a Jenni a hablar en la Conferencia Billboard de la Música Latina, su línea de ropa era nuevamente tema de conversación, y estaba ilusionada con el lanzamiento de sus propios jeans, hechos específicamente para las mujeres que NO eran flaquísimas y que SÍ tenían un trasero grande que nunca se veía bien en jeans comunes y corrientes.

"Quiero vestir a las mujeres que son como yo —no como los maniquíes que están en las tiendas porque esa ropa no nos queda", dijo en la Conferencia Billboard, sus palabras recordando las que había dicho seis años atrás. "Estamos empezando con los jeans. Los jeans van a vestir a las mujeres caderonas y pompudas. Porque estoy cansada de ir a las tiendas y te pones unos jeans que están tan bajos que te sientas y se te sale todo tu *business*. Que te paras y tienes que reacomodarte. *That's so annoying.* Yo quiero jeans como decía mi abuelita que tenían que ser: a la cintura, que te agarren bien por todas las áreas, que no se salga una lonja por un lado u otra cosa por otra. Como yo necesito eso, yo sé que muchas de mis comadres, colegas, amigas latinas vivimos lo mismo".

Jenni lanzó su línea de jeans en la primavera de 2012, cumpliendo un sueño que había nacido seis años antes. Y se aseguró de que sus clientas finalmente pudieran lucir más delgadas, disimular ciertas "lonjitas", como bien decía ella, sin enseñar raya en parte alguna.

La línea de jeans iba de la talla 4 a la 18 y costaba $60, mucho menos que otros jeans de marca. Para Jenni eran un gran orgullo. Había diseñado una prenda que ella podía usar; como todo lo que hacía, esto también era inspirado en y para sus fans. Probablemente, si las circunstancias hubiesen sido diferentes, hubieran habido más prendas en los años venideros, pero el destino fue otro.

Jenni siempre decía que era empresaria antes que cantante, y esta actitud se reflejaba en su vestuario. En las ocasiones en que la entrevisté ante las cámaras de Billboard, siempre lucía femenina y sexy pero también eminentemente profesional. Le gustaba ponerse sus altos tacones y, así usara falda o pantalón, siempre se colocaba una chaqueta encima. Para aquella última Conferencia Billboard, por ejemplo, llevaba puesto un vestido morado pegado al cuerpo con una chaqueta de jean. El morado también era un color que le gustaba y que la hacía lucir ejecutiva. Fuera de cámaras y fuera de la atención, era mucho más informal —una mujer que usaba más bien jeans, gorra de béisbol y poco maquillaje.

"Mi propio estilo es muy mezclado", dijo Jenni en Batanga.com el 3 de marzo de 2005. "Me gusta vestirme de muchas maneras distintas, y cuando estoy en el escenario, hay personas que no lo entienden; las personas en mi sello no lo entienden; quieren que me vista, tú sabes, como una artista regional mexicana, con pantalones vaqueros y cuero por todas partes y un sombrero. ¡Esa no soy yo! Esa no es la persona con la que se van a identificar mis fans. Ellos quieren saber que Jenni puede ponerse unas botas de tacón con minifalda y estar a la moda, como ellos. Entonces, cuando estoy relajada, y estoy sola y nadie me está mirando, me gusta ponerme sudaderas y mucha ropa estilo hip hop —Adidas, Nike, sudaderas. Me gusta mucho eso y tengo tantos zapatos tenis. Me encanta vestirme de ejecutiva porque así empecé. Entonces todavía me encanta hacerlo. Y cuando salgo, me pongo una minifalda y unos tacones y me veo toda sexy para los chicos".

Pero Jenni también estaba muy consciente de que era una diva y de que, como tal, sobre el escenario tenía que verse magnífica. Para ese último viaje a México, le pidió a Terriquez, como siempre, varios vestidos para el escenario, y él fue a medírselos antes de que partiera. Una semana y media antes de que Jenni volara a México, Terriquez le llevó a su casa unos quince vestidos para que luciera en sus conciertos.

"Últimamente bajó muchísimo porque quería verse bien; como estaba haciendo el 'crossover' al mercado anglo, quería lucir diferente", recordó el diseñador en una entrevista publicada en *Los Ángeles Hoy* el 13 de diciembre. "La última vez que le probé un vestido le dije: 'Te has bajado mucho'. Ella me dijo: 'Con todo esto que me está pasando, estoy bajando sin siquiera hacer dieta'. Ella se refería a lo del divorcio. No se veía preocupada, pero por dentro no la estaba pasando bien".

Pero esa noche en el escenario de Monterrey Jenni se vio hermosa. Tan hermosa que esa imagen de ella con el vestido fucsia se quedó grabada en la mente del público que la vio tanto en persona como los que vieron los videos del concierto por televisión y en la red.

Días después, cuando los servicios de rescate de México finalmente localizaron los restos del avión donde viajaba Jenni, una de las señales irrefutables que encontraron fue aquel vestido fucsia inconfundible.

Un día antes, había sido símbolo de la vitalidad de Jenni Rivera, su prenda sobre el escenario cuando lució gloriosa girando y girando con ese chal amarillo alrededor de sus hombros. Ahora yacía el vestido solitario, tirado sobre las rocas como un trapo, su color el único vestigio de vida en esas montañas heladas e inhóspitas.

Billboard, *La Voz* y otras glorias de 2012

El año 2012 fue increíble para Jenni. Arrancó con el pie derecho, con el estreno de *Filly Brown* en el Festival de Sundance en enero (el estreno comercial está pautado para abril de 2013).

En febrero vinieron los Premios lo Nuestro, donde Jenni ganó el premio Artista Ranchero del Año y, por sexto año consecutivo, el premio Artista Femenina del Año. Era una presea que Jenni había ganado por primera vez en 2007, cuando su música finalmente empezó a sonar fuertemente en la radio, y en esa ocasión, había recogido su premio luciendo un elegante vestido negro.

En 2008, Jenni llegó a Premios lo Nuestro con Esteban Loaiza, luciendo particularmente hermosa en la alfombra roja con un elegantísimo vestido azul. Esa vez Jenni fue invitada a cantar en el escenario del show por primera vez y lo hizo con uno de los vestidos de Terriquez —una belleza de flores rosadas y el clásico chal compañero— interpretando "Ya lo sé" con mariachi.

Cuando ganó Artista Femenina del Año por segunda vez, le dedicó su premio al hombre más importante de su vida: "Gracias a mi público que ha seguido votando por mi, *I love you guys*. Gracias por estar conmigo en las buenas y malas a pesar de todas las cosas que suceden. Yo quiero dedicar este premio a una per-

sona muy especial. Han pasado muchas cosas desde que este señor me crió a mí y a mis hermanos. Este premio es para mi padre;
gracias por la música. *I love you, daddy.* Sigues siendo mi héroe".

En 2011, Jenni volvió a ganar y a cantar, esta vez interpretando "Él", el tema de la telenovela *Eva Luna.*

Pero en 2012 Jenni se tomó un descanso de Premios Lo
Nuestro. Aunque ganó, no pudo asistir a la ceremonia. Llegó, en
cambio, a los Premios Billboard con grandes bombos y platillos
en abril, unos meses después.

Estaba invitada no solo a cantar, sino también a participar
como conferencista en la Conferencia Billboard de la Música
Latina. La conferencia tradicionalmente presenta a los más
grandes artistas del momento en sesiones de "Preguntas y Respuestas" (o Q&A, por sus siglas en inglés) donde hablan de sus
carreras, sus logros y de la industria misma. Previas sesiones de
Q&A en conferencias pasadas han incluido a Enrique Iglesias,
Ricky Martin, Marc Anthony, Alejandro Sanz y Romeo Santos.
En este caso, invité a Pitbull, Don Omar y a Jenni Rivera, marcando la primera vez que una artista de banda tenía su propio
Q&A. Las razones eran simples: Jenni no solo era una estrella
sino una mujer de negocios, y a quienes asistían a la conferencia
les interesaba escuchar sobre su carrera y su visión de la indus-
tria, y así se planteó en la invitación que se envió a su mánager
Pete Salgado meses antes. Jenni además era finalista para los
Premios Billboard a la Música Latina; pasaría varios días en
Miami en una semana eminentemente musical. Por lo tanto,
Jenni decidió que las cámaras de *I Love Jenni* iban a seguir sus
pasos durante esos tres días de abril de 2012.

Meses después, cuando la segunda temporada de *I Love Jenni*

salió al aire por mun2, dedicaron un capítulo completo a la semana de los Billboard. En él, se ve inicialmente a Jenni saliendo
de su casa en Los Ángeles rumbo a Miami, un poco cansada,
más bien con ganas de quedarse en su hogar con sus hijos que
de ir a caminar por una alfombra roja. Las cámaras siguieron a
Jenni a través de su llegada al aeropuerto de Miami, y luego, en
sus ensayos para los Premios Billboard en el Bank Atlantic Center de la Universidad de Miami.

Al día siguiente, Jenni llegó al Q&A de la conferencia con un
vestido morado ajustado hasta las rodillas y una chaqueta de
jean encima. La esperábamos en un área privada todos los editores de Billboard: yo en calidad de directora de contenido latino,
mi jefe y editor general de la revista, Bill Werde, y nuestro director
comercial, o *Publisher*, Tommy Page. También estaban las cámaras de billboard.com. Justino Águila, otro de nuestros editores
latinos quien también conocía a Jenni de años, la entrevistó tras
bambalinas. Jenni, como siempre en estas ocasiones públicas, se
presentó en un comienzo un poco reservada, como analizando
la situación. A diferencia de otros artistas, cuyo comportamiento
es más bullicioso y agresivo en las entrevistas, Jenni —en mi experiencia con ella— siempre demostraba profesionalismo y
mesura ante todo. Era amable, era cálida, pero no era tremen-
damente efusiva. Eso siempre llegaba después, cuando se sentía
más cómoda con su entorno. Una de las cosas que más emocio-
nan a un periodista musical es seguir a un artista desde sus comienzos hasta su estrellato. Eso me había sucedido con Jenni.
Había estado escribiendo sobre su carrera desde 2007, cuando
empezaba a asomarse en los rankings de Billboard. Ver ahora
que una mujer fuerte, segura, emprendedora, trabajadora y

además talentosa estaba triunfando de tal manera era motivo de felicidad y orgullo.

Mis palabras cuando la presenté lo dijeron todo: "La mujer más exitosa de los listados de Billboard hoy en día".

Jenni entró a la sala de conferencias del hotel Marriot Marquis de Miami ante estruendoso aplauso. Le di un abrazo, y la guié a su puesto entre Flavio Morales, de mun2, y yo; ambos la íbamos a entrevistar.

—En esta ocasión somos dos —le dije bromeando—. ¡Te vamos a "atacar" por todos los lados!

—Estoy acostumbrada a que me ataquen —contestó con una sonrisa—. Está bien.

—¿Qué queremos, inglés o español? —le pregunté a la audiencia.

—¡Español! —contestaron a los gritos.

—Te jodiste —dijo Jenni sonriendo—. *Spanish, girl.*

Durante la siguiente hora, Jenni habló con Flavio y conmigo en español, sobre sus comienzos, su padre, sus primeras grabaciones, sus metas y logros, su línea de ropa, sus empresas, sus fans, sus sueños, su familia, sus hijos y su felicidad de ser madre.

También habló del libro que estaba escribiendo; un libro del cual llevaba ya años hablando. "Si termino en los próximos dos meses, piensan sacarlo a finales de este año", dijo. "Creo que eso explicaría mucho de lo que ha sucedido en la carrera de Jenni Rivera. Y quizás ahí puedan caminar una milla en mis zapatos". Al fallecer, Jenni todavía no había terminado el libro, pero estaba cerca y es muy probable que se publique este año.

Semanas después, cuando lo transcurrido salió al aire en un episodio de *I Love Jenni*, sus palabras en cámara me conmovieron: "No pensé que [la entrevista] iba a ser algo tan importante", dijo. "Había fotógrafos y patrocinadores por todas partes. Era algo muy grande. Los medios siempre quieren enterarse del chisme, pero en esta conferencia las personas realmente estaban interesadas en el ser humano. En la persona. La entrevista me puso a pensar. Me recordó de todo lo que he pasado, lo difícil que ha sido mi carrera, lo que he logrado y dónde estoy ahora. Y me hizo pensar en qué es lo próximo que voy a hacer. Cuando la gente piense en Jenni Rivera quiero que recuerden: si luchas y sin embargo te paras cada vez y sigues luchando, lo puedes lograr".

La noche siguiente, Jenni asistió a lo que serían sus últimos Premios Billboard. Pese a su desagrado por las alfombras rojas, al ultimísimo momento decidió caminarla y se la vio feliz. Lucía particularmente bella con un largo vestido negro y diamantes fabulosos y tenía a Esteban a su lado.

Más tarde, vi a Jenni tras bambalinas, a punto de salir a cantar con su mariachi, luciendo un hermoso vestido rojo adornado con cristales Swarovski. Se veía radiante.

A mediados de 2012, los productores del programa televisivo *La Voz… México* empezaron su búsqueda de nuevos jueces para el programa de telerrealidad musical. La primera temporada había contado con Alejandro Sanz, Lucero, Espinoza Paz y Aleks Syntek. Para la segunda temporada, serían Paulina Rubio, Beto Cuevas, Miguel Bosé y Jenni Rivera.

El problema era que Jenni Rivera no tenía tiempo.

"No sabes cómo batalló [la producción de] *La Voz… México* para convencerme", contó Jenni en una entrevista en *La Opi-*

nión en 2012. "Una discusión de meses. Muchas veces les dije que no, que no podía en las fechas que me daban porque tenía que organizar el *baby shower* de mi nuera, la despedida de soltera de mi hija que se casa en septiembre y los quince años de mi hija en octubre, los primeros que celebramos en la familia. Esto es importante para mí. No hay ningún programa que pueda valer más que eso. Tuvieron que modificar fechas. Yo no iba a ser un Miguel Bosé que va a radicar en México durante el programa. Estaré viajando. Son sacrificios que tengo que hacer para cumplir con mis responsabilidades de mamá, esposa y abuela".

A Jenni tampoco le agradaba la idea de ausentarse los domingos —el día del show—, un día que a ella le gustaba pasar con los suyos a menos que tuviera que dar algún concierto. Pero finalmente, se dejó convencer. Y le encantó. "Ha sido una experiencia tan linda. Y he ganado mucha gente", comentó en su conferencia de prensa de Monterrey. "Ya antes se vendían los lugares, pero ahora se venden con anticipación los lugares. Y el pueblo, la raza me conocía en cuanto a mi música, pero no sabían cómo yo hablo, cómo yo soy".

Hay que recordar que a pesar de ser la "Diva de la Banda", Jenni no tenía la trayectoria ni la historia en México que tenía su hermano Lupillo, por ejemplo. Había empezado a incursionar seriamente en suelo mexicano hacía unos cinco años y ya era una estrella. Pero no al nivel que lo era en Estados Unidos.

Fue con *La Gran Señora* en 2009 que se planeó una estrategia más a fondo. El álbum, el onceavo de la carrera de Jenni, y el primero en que cantaba totalmente con mariachi, la colocó a otro nivel musical y artístico. Jenni ya no era sencillamente una cantante de banda. Era una voz. Y como para enfatizarlo, se grabó un concierto para la cadena Televisa y la gente en México empezó a conocerla aún más.

El parteaguas fue *Joyas prestadas* en 2011, con sus versiones banda y pop, lo cual permitió ir a dos tipos de radio: las emisoras de pop y las emisoras de música mexicana. *Joyas prestadas* era una colección de temas popularizados por otras artistas femeninas —de ahí su título— en el que Jenni hacía homenaje a aquellas cantantes que tanto habían influido en su vida y en su carrera, incluyendo muchas de las artistas cuya música escuchaba hacía tantos años en el mercado de pulgas, vendiendo los discos de su padre.

"Lo que sucedió es que más o menos en 2010, mis fanáticos en Twitter decían que otra artista femenina estaba criticando que yo grababa puros *covers*, y que qué chiste y que así cualquiera", contó Jenni durante la Conferencia Billboard. "Y me dijeron, 'Queremos un disco inédito para que no te critique otra artista'. Entonces nomás por ser abogada del diablo, junté todos los temas que me gustaban de las artistas como Isabel Pantoja, Ednita Nazario, Rocío Durcal, y dije: 'De puro coraje voy a grabar todos los temas que me gustan de ellas'. Y qué bonito capricho porque en México es doble platino".

Lo más difícil del álbum, explicó Jenni, fue que su disquera le pidiera grabar algunos de los temas en versión pop. "Estas eran las canciones que escuchaba en la grabadora cuando tenía el puesto en el mercado de pulgas y quería que se acercaran los clientes. Entonces tocaba esta música y les tengo mucho cariño y muy bonitos recuerdos. Se me hacía muy difícil eliminar canciones. Entonces dije: 'Mejor grabo el disco de banda y el disco pop y vemos a ver qué pasa'".

Joyas prestadas salió como versión banda y como versión ranchera. En ambas fue un suceso. "Tuvimos un éxito increíble", le contó a *Billboard* Víctor González, presidente de UMLE (Universal Music Latin Entertainment). "Sobre todo el repertorio que ella eligió fue muy significativo porque tenía temas de [artistas como] Rocío Durcal, que la ponían en un lugar donde ella hacía un tributo a estas mujeres pero la gente le reconocía su talento. Y fue el momento donde quebramos México".

Jenni empezó a aparecer en los rankings de radio y ventas de México y llegó al número 1 del ranking de los almacenes Mix-Up. Era un suceso. *Joyas prestadas* vendió como pan caliente y Jenni fue propuesta como entrenadora de *La Voz*. Una vez que la convencieron, una vez que empezó a salir en pantalla, la reacción fue rápida.

"Hemos hecho estudios a raíz del programa de *La Voz*, estudios en la web de lo que la gente siente y piensa, y Jenni tenía una captación inmediata", le dijo González a *Billboard*. "La gente que la conocía se enamoraba de ella".

Se enamoraban porque Jenni era Jenni. Y Televisa la dejaba ser como era y portarse como se portaba.

"Así media sencilla o payasa, o sensible o espontánea", dijo Jenni en su última conferencia de prensa en Monterrey después de su concierto. "Quiero ser genuina, quiero ser auténtica ante mi gente. Nunca me han censurado. Ellos dejan que las cámaras estén grabando. Pero yo soy yo".

Para Jenni también fue importante y divertido entablar amistad con gente de la talla de Miguel Bosé, cuyos discos ella vendía en los tianguis cuando era chica.

Mientras que *La Voz* marchaba, Jenni hacía todo lo demás.

Ya desde marzo, Jenni había firmado un contrato de agencia con Creative Artists Agency o CAA, la famosa agencia de artistas, atletas y otros famosos situada en Los Ángeles. Aunque muchas agencias habían estado detrás de Jenni antes, estaban más que todo interesadas en sus giras, su negocio más lucrativo. Pero CAA vio el potencial en la personalidad, y empezaron a hablar de cómo hacer un *crossover*.

Los agentes de CAA pasaron mucho tiempo con Jenni. Fueron a sus conciertos y la vieron trabajar en sus múltiples empresas. Le asignaron un productor y un escritor y pusieron manos a la obra. Después de un tiempo, tenían listo un piloto y se lo presentaron a las principales cadenas de televisión de Estados Unidos. Todas hicieron ofertas. Jenni escogió a ABC y en noviembre de 2012 firmó un acuerdo para llevar a la pantalla chica una comedia que se llamaría simplemente *Jenni*.

"[El personaje] Jenni es una madre soltera de tres varones y una niña que su esposo y ella se separaron porque él era alcohólico y ella ya no podía tener ese ejemplo en la casa", contó Jenni después de su concierto en Monterrey. "El papá de Jenni fallece y le deja como negocio una barra llena de problemas y deudas y me toca trabajar esa cantina. Tengo una hermana casada con un esposo muy machista, siempre es un pleito con ella. Llegan los pretendientes a ese lugar. Parece que me pusieron un pretendiente afroamericano que me parece muy bien", dijo con una sonrisa a los periodistas mexicanos. "Voy a cantar de vez en cuando. Yo nunca pensé ser cantante", agregó Jenni pensativa. "De chiripada quedé de cantante y nunca tampoco pensé que iban a suceder todas las cosas que han sucedido en mi carrera artística. Tampoco ha sido nunca mi pasión la actuación. Ahora cuando me dicen, 'Jenni, tú eres la primera actriz latina, hispana, que va a tener un papel protagónico en televisión americana en inglés', imagínate. Son bendiciones muy grandes que yo no esperaba lo cual cambiarán mi vida completamente".

Pensemos por un instante lo que podría haber pasado si Jenni hubiera llegado a producir su programa en la televisión en inglés y a través de una de las grandes cadenas. Nunca antes una latina había estado en esa situación: no solo produciría sino también tendría el papel estelar de un programa que llevaría su propio nombre. Sofía Vergara es un verdadero fenómeno en *Modern Family*, y su éxito apuntaba a las posibilidades que tenía Jenni, quien ya había medido las aguas con *I Love Jenni*. Con su experiencia, carisma y multitud de fans, no tengo duda de que su programa hubiera sido un éxito, y realmente pudo haber abierto la puerta a infinitas posibilidades para otras estrellas latinas.

Como si todo lo vivido en 2012 hubiese sido poco, hubo aún más bendiciones, que para Jenni fueron de las más importantes de todas. El 28 de agosto, nació Luna Amira Marín Ibarra, la segunda nieta de Jenni, hija de su hijo Michael, en ese momento de veinte años de edad, y su novia. El 3 de octubre, Jenicka cumplió sus quince años y Jenni se los pudo celebrar, como ella deseaba hacer: con tremenda fiesta.

Y en noviembre, Jacqui —la mamá de Jaylah Hope, primera nieta de Jenni—se casó con Miko Campos, en una boda que se convirtió en un especial de televisión para mun2. *Jenni Rivera Presents: La boda de mi hija* fue un éxito de ratings, convirtiéndose en el show más visto de la televisión entre latinos de dieciocho a cuarenta y nueve años de edad.

Sin embargo, pese a todos los triunfos y las alegrías, no todo fue color de rosa para Jenni en los últimos meses de 2012. En abril se le había visto con Esteban en los Premios Billboard, y Jenni no se podía ver más feliz y radiante. De hecho, expresó su felicidad una y otra y otra vez. En la alfombra roja, a la vez que hacía de "artista", volteaba de vez en cuando para mirar a su hombre, esperándola pacientemente mientras hacía lo suyo. Era fuerte, paciente, tranquilo, famoso como Jenni pero en otro ámbito; la entendía y la apoyaba. Francamente, parecían la pareja perfecta.

Hasta que, el 3 de octubre de 2012, Jenni escribió una carta abierta a la prensa:

Amigos de la prensa, agradeciendo de antemano el apoyo que siempre hemos recibido de su parte y en este caso en particular para JENNI RIVERA en su carrera, queremos comunicarles con el fin de evitar comentarios negativos y especulaciones, que la historia que JENNI inició en diciembre de 2008 con el beisbolista Esteban Loaiza y con quien contrajo matrimonio el 8 de septiembre de 2010, lamentablemente llegó a su fin en definitiva al interponerse el día lunes (primero de octubre) la demanda de divorcio por situaciones irreconciliables entre ambas partes derivado de circunstancias que sucedieron a lo largo de los dos años que duró el matrimonio entre ellos y que son situaciones privadas para ambos que no se harán del conocimiento público.

Tomar esta decisión no ha sido nada sencillo, pero JENNI pensando en su bien propio, en el de sus hijos, sus proyectos

familiares, su carrera como empresaria, como cantante y artista,
sabe que necesita tener una vida plena, tranquila y acorde a
eso tomó la decisión de separarse de Esteban.

Jenni nunca aclaró por qué se estaba divorciando de Esteban después de dos años de matrimonio que parecían idílicos. En una entrevista a fondo en *El Gordo y La Flaca*, Jenni se limitó a decir que "el darte cuenta de ciertas actividades de una persona son suficientes para tomar la decisión que yo tomé". No hubo ni peleas, ni golpes, ni maltrato ni una tercera persona. Solo aclaró que el 21 de septiembre se dio cuenta de algunas cosas que no podía tolerar. El 2 de octubre, Jenni presentó su demanda de divorcio. Según ella, no había posibilidad de reconciliación.

Aun así, optimista como siempre, aclaró: "Creo en el matrimonio, creo en el amor, creo que Jenni tiene las cualidades para enamorar a un hombre para que me quieran y me respeten como yo me lo merezco. Yo tengo que inspirarme a mí misma y no puedo estar derrotada. ¿Creo en el amor? Claro que creo en el amor".

Para Jenni no fue fácil. En pantalla chica se veía triste y desilusionada. Pero siguió trabajando y siguió apareciendo en *La Voz* todas las semanas. Viendo su creciente popularidad, Universal le pidió a Jenni un nuevo disco. Pero Jenni no tenía tiempo para grabar un disco entero. Entonces, plasmó algunos de sus grandes éxitos en una colección que llamó *La misma Gran Señora*. Incluía un nuevo tema con ese mismo nombre, que como tantas canciones de Jenni, era un himno a la mujer a quien tratan de pisar pero que logra salir adelante, como bien dice parte de la letra: "Yo sin ti seguiré siendo la misma gran señora/tú sin mí, nada vales en el mundo desde ahora".

La misma Gran Señora salió primero en México, para aprovechar el extraordinario momento que Jenni vivía gracias a la popularidad de *La Voz*. En Estados Unidos, por una de esas extrañas coincidencias, estaba supuesto a salir el 11 de diciembre de 2012, y así fue.

El 8 de diciembre de 2012, Jenni Rivera llegó a Monterrey a tocar un show en la Arena Monterrey. El espectáculo estaba totalmente vendido desde hacía semanas. Jenni llegó en la tarde, y poco tiempo después llegaron su banda, su mariachi y su equipo de producción, quienes venían de Colima, donde habían tocado en un show la noche anterior. También viajó, algo inusual, el equipo de producción de *I Love Jenni*, que también había filmado su show en Colima. Como parte de la tercera temporada del programa, que ya se estaba filmando, Jenni había expresado que quería mostrarle a sus fans cómo era, realmente, el trabajo de un artista de gira. Quería que vieran no solo a Jenni la madre, sino también a Jenni la artista.

La presentación de Jenni duró horas; siempre duraban horas sus shows. Cantó, lloró, bebió, celebró. Al final, ya en la madrugada, dio una larga conferencia de prensa que más bien parecía una confesión.

"Bendecida", dijo simplemente cuando le preguntaron cómo se sentía. "No hay otra palabra más que sentirme bendecida, muy afortunada, muy querida. Yo muchas veces no puedo creer las cosas en mi vida profesional que suceden —bueno ni en la personal tampoco—, pero me siento muy bendecida".

Al final de la noche, le volvieron a preguntar cómo estaba, y ella respondió en esa manera genuina que la hacía tan especial: "Ay, m'ija, fíjate que soy tan feliz. Sí, son cosas muy fuertes las que han pasado en mi vida, pero no puedo, no puedo apendejarme. No puedo enfocarme en lo negativo porque eso te derrota, eso te destruye. Y yo tengo hijos, yo tengo nietos, yo tengo padres, tengo hermanos, tengo un público que me espera. Quizás estoy tratando de alejar los problemas y enfocarme en lo positivo, y es lo mejor que yo puedo hacer".

Jenni terminó su conferencia de prensa, y en lugar de ir a su hotel, como se suponía iba a hacer, se dirigió al aeropuerto a tomar un avión privado hacia el DF.

Las imágenes borrosas de Jenni, vistiendo una sudadera verde y saliendo del pequeño aeropuerto son las últimas que tenemos de ella.

Días después encontrarían los restos del avión en el que viajaba. Entre los escombros asomaba el vestido fuscsia de Terriquez, todavía brillante como su dueña, testigo mudo de la gloria y, ahora, de la tristeza de tantos planes extraordinarios que de pronto yacían enmudecidos.

"Hay ofertas para más películas y siempre han hablado de la película de mi vida", dijo Jenni allá en abril, cuando le preguntamos qué planes tenía para el año 2013. "Veremos después del libro qué sucede. Porque lo que estoy haciendo ya es suficiente, pero quizás también pueda haber un cambio en mi carrera, un cambio en mi vida en general. Como el calendario ese que dice que todo va a terminar a finales de 2012; puede significar diferentes cosas para cada quien. A lo mejor pueda terminar algo en mi vida en este momento y empezar en otra área".

El legado de Jenni Rivera

Desde que Jenni Rivera murió, se han hecho muchas comparaciones con Selena, la cantante tejana que también murió joven. Pero las similitudes reales tienen que ver más con el personaje que con la muerte temprana. Como Selena, Jenni era una de las pocas caras y voces exitosas con las que se podía identificar la gran población de mujeres mexicoamericanas que vive en Estados Unidos. Se identificaban con sus historias, sus familias, su mera apariencia física. Finalmente alguien exitoso se parecía a ellas. El impacto inspirador de estos íconos culturales no se puede subestimar.

En Estados Unidos la cultura mexicana se importa de México y ya llega mezclada, digerida y pasteurizada. Me atrevo a decir que a Jenni Rivera le hubiera costado más trabajo alcanzar el éxito si su carrera hubiera empezado en México, donde su imagen, su actitud y su desfachatez chocaban más con todo lo aceptado.

En una entrevista con *TVNotas* en 2011, le preguntaron a Jenni si se consideraba un símbolo sexual, una pregunta que le generó risa: "Eso nunca ni lo pienso. Para mí los símbolos sexuales son Maribel Guardia, Ninel Conde, las admiro muchísimo por su belleza. Yo simplemente soy una mujer, una cantante con la que algunas personas piensan tener sexo. No sé", agregó riéndose.

Quizás Jenni no se veía a sí misma como símbolo sexual, pero lo era. Era símbolo sexual, pero además, era simplemente un símbolo de todo lo que era posible, incluso viniendo de las peores de las circunstancias. Era también un símbolo de que la familia importa, que el ancestro es fundamental, que ser y comportarse como latino puede ser una ventaja y no siempre un obstáculo.

En el momento de su muerte el 9 de diciembre, con solo cuarenta y tres años de edad, Jenni estaba en el pináculo de su carrera. En los escasos trece años desde que se había lanzado al mundo artístico, se había convertido en la artista femenina más vendedora del género regional mexicano y también en una mujer de negocios formidable con varias empresas exitosas en su haber: su línea de cosméticos, una línea de productos para el cabello, su línea de ropa, su show de radio, su show de televisión, su fundación. La gota que iba a rebasar la taza fue el contrato que firmó con la cadena estadounidense de televisión ABC una semana antes de su muerte: Jenni iba a estelarizar su propia serie de televisión, en inglés, en el horario pico de ABC. Se convertiría en la única latina —sí, la única— en ser la estrella de su propia serie televisiva, llevando su nombre.

Era tanta la fuerza de Jenni y sus muchas plataformas que cuando se dio la noticia de la desaparición de su vuelo aquel funesto 9 de diciembre de 2012, su nombre se convirtió en tema "trending" en Twitter. En cuestión de cuarenta y ocho horas, Jenni Rivera —estrella de la música regional mexicana, diva adorada de las mujeres latinas en Estados Unidos, ícono mexicano— se convirtió en una estrella global. Medios no latinos que jamás habían escrito una palabra sobre Jenni Rivera de pronto se volcaron sobre la historia de la hija de inmigrantes mexicanos que se había convertido en diva. Su nombre le dio la vuelta al mundo en cuestión de horas. De la noche a la mañana, Jenni se convirtió en una superestrella mundial.

Esto no es algo que sucede simplemente porque alguien muere una muerte inesperada, publicitada y violenta. Eso genera atención pero no tanta y no tan a fondo y no por tanto tiempo. Pero Jenni era una persona tan fascinante con una carrera tan increíble y un nivel de creación artística tan memorable, que su muerte sencillamente abrió los ojos del mundo a la fama que ya tenía y precipitó la fama aún más grande que estaba por venir.

Al partir de este mundo, Jenni ha dejado un gran legado artístico. Deja casi veinte grabaciones de estudio, abarcando multitud de géneros: Banda, Ranchera y pop. Deja dos temporadas de *I Love Jenni* y una en camino. Deja su línea de maquillaje, su línea de ropa y su fragancia. Deja su Fundación, que con su hermana Rosie a la cabeza, estaba tomando vuelo y empezando a hacer una labor importante. Deja también el libro que había empezado a escribir y que estaba tan próxima a terminar.

Pero aún más importante, Jenni deja a sus hijos, quienes hasta el momento han demostrado tener el mismo tesón y la misma desenvoltura que su madre; y deja a sus dos nietas y a toda la familia Rivera, quienes sin duda se encargarán de continuar su legado y mantener vivo su nombre por generaciones.

J enni Rivera era irresistiblemente real. Voluptuosa y franca, controversial y directa, diva pero singularmente accesible. Desde muy temprano en su carrera, Jenni tuvo claro que la persona que era en su vida cotidiana era la persona que sería como artista.

"Soy una mujer verdadera que canta lo que vive", dijo en más de una ocasión. "Y ante todo, soy una madre".

Y, ¿quién era Jenni Rivera?

Como pocas personas en el ámbito artístico, Jenni personificaba el sueño americano del inmigrante latino. Nacida en Estados Unidos, pero criada como mexicana, bilingüe y bicultural, ella era la cara de sus fans, la gran comunidad de mujeres mexicoamericanas que nunca se ve representada en los medios. Ella era esa mujer, esa amiga, esa madre, esa hermana que se cría en el barrio, marginada de todo el brillo, el lujo y el exceso de la clase media americana. Era la luchadora, la que se embarazó y en lugar de quinceañera tuvo una hija, la que se graduó del colegió con las mejores notas pese a todas las adversidades que le tocó enfrentar, la que fue a la universidad, la que hizo todo lo que tuvo que hacer para criar a esos hijos, sin pedir nada de nadie.

Las latinas en Estados Unidos ven televisión en español pero en las esbeltas, rubias y afectadas modelos, actrices y presentadoras mexicanas rara vez se ven a sí mismas. En Jenni sí. Jenni era ellas, su cara, sus sueños, sus realidades. Ella entendía sus luchas, sus dificultades económicas, sus hombres traicioneros, sus lágrimas. Ella cantaba de sus vidas —de los hombres despreciables, del bar de la esquina, de las amigotas, de las fiestas, de las que tienen garra, de las amantes y de los casados— y ella vivía sus vidas.

Mientras que la mayoría de los artistas se pasan sus vidas tratando de escapar su pasado y reinventando su realidad, Jenni entre más fama adquiría, más parecía enorgullecerse de sus orígenes y su realidad.

Madre soltera. Mujer sufrida. Abuela. Amiga. Triunfadora.

La Reina de las Reinas.

Agradecimientos

A Jenni Rivera, la inspiración de esta obra. A mi increíble agente, Aleyso Bridger, y a Erik Riesenberg y Carlos Azula de C. A. Press, Penguin, por haberme traído la oportunidad de escribir sobre una de las mujeres más fascinantes del entretenimiento.

A Billboard por su apoyo.

Y a la familia y fans de Jenni Rivera.

La discografía de Jenni Rivera

SOMOS RIVERA (1992)

1. Somos Rivera
2. Alma enamorada
3. Amor prohibido
4. Juan Guardado
5. Me espera el camino
6. De visita al mundo
7. Recuerdos de Culiacán
8. Cuento perdido
9. Magda Otilia
10. Antojos nobles

POR UN AMOR (1994)

1. Por un amor
2. Esperando que me quieras
3. Collar de penas
4. Tengo miedo
5. Soy madre soltera
6. Trono caído
7. Estados que quiero
8. El viejo y yo

9. Una estrella lejana
10. Marisela y Chalino
11. Viejo vaquetón
12. Así soy yo

LA CHACALOSA (1995)

1. La Chacalosa
2. También las mujeres pueden
3. Libro abierto
4. Cruz de madera
5. Embárgame a mí
6. Por una rencilla vieja
7. Si tú pensabas
8. La perra contrabandista
9. Cuando el destino
10. Mi gusto es
11. Ni me debes ni te debo

JENNI RIVERA Y SUS MEJORES 17 ÉXITOS (1995)

1. Adiós a Selena
2. Poco a poco
3. La novia del plebe
4. Embárgame a mí
5. Los dos amantes
6. Por un amor
7. Se me cierra el mundo
8. Libro abierto
9. Si tu pensabas
10. Somos Rivera
11. Amor prohibido
12. La Chacalosa
13. También las mujeres pueden

14. Recuerdos de Selena
15. El columpio
16. Para un gran señor
17. Ni cura ni juez

REINA DE REINAS (1999)

1. Reina de reinas
2. El desquite
3. El orgullo de mi padre
4. Popurrí de chelo
5. Los traficantes
6. La reina es el rey
7. La Martina
8. El bato gacho
9. La maestra del contrabando
10. Salúdame a la tuya
11. Las cachanillas

SI QUIERES VERME LLORAR (1999)

1. Brincos dieras
2. Perdonar es olvidar
3. Llanto rojo
4. Lágrimas, sudor y sangre
5. La puerta de Alcalá
6. Si quieres verme llorar
7. Vivir sin tu cariño (*Without You*)
8. Nosotros
9. Cómo vivir sin verte (*How Do I Live*)
10. Tonto
11. Yo te agradezco

QUE ME ENTIERREN CON LA BANDA (2000)

1. Que me entierren con la banda
2. Como tú decidas
3. Que un rayo te la parta
4. La reina del palenque
5. Son habladas
6. Ni estando loca
7. Mañana (te acordarás)
8. Solo sé de amor
9. Sinaloa... Princesa norteña
10. Rosita Alvirez
11. Las malandrinas (corrido en vivo)

DÉJATE AMAR (2001)

1. Una noche me embriagué
2. Déjate amar
3. Mi vida loca
4. Querida socia
5. Y te me vas
6. Madre soltera
7. El último adiós
8. Agente de ventas
9. Cuando yo quiera has de volver
10. *Wasted Days and Wasted Nights*

SE LAS VOY A DAR A OTRO (2001)

1. *Angel Baby*
2. No vas a jugar
3. Cuando abras los ojos
4. El nopal
5. Tristeza pasajera

6. Chicana jalisciense
7. Ni tu esposa, ni tu amante, ni tu amiga
8. Se las voy a dar a otro
9. Se marchó
10. Escándalo

20 EXITAZOS CON LA DINASTÍA RIVERA (2001)

1. El moreño (cantado por Lupillo Rivera)
2. Cruz de madera (cantado por Juan Rivera)
3. Reina de reinas (cantado por Jenni Rivera)
4. Valientes reconocidos (cantado por Gustavo Rivera)
5. Mi casita blanca (cantado por Lupillo Rivera)
6. Los atizados (cantado por Juan Rivera)
7. También las mujeres pueden (cantado por Jenni Rivera)
8. El recreo (cantado por Juan Rivera)
9. Perico, vino y cerveza (cantado por Gustavo Rivera)
10. La Martina (cantado por Jenni Rivera)
11. El avionazo (cantado por Lupillo Rivera)
12. Que me fusilen (cantado por Juan Rivera)
13. La Chacalosa (cantado por Jenni Rivera)
14. La balanza (cantado por Gustavo Rivera)
15. Tú y las nubes (cantado por Lupillo Rivera)
16. El día del contrabandista (cantado por Juan Rivera)
17. La vida prestada (cantado por Jenni Rivera)
18. La captura de Mayel Higuera (cantado por Juan Rivera)
19. El desquite (cantado por Jenni Rivera)
20. Me dicen El Chivo (cantado por Lupillo Rivera)

HOMENAJE A LAS GRANDES (2003)

1. La papa sin catsup
2. A escondidas
3. Por un amor

4. Ese hombre
5. Juro que nunca volveré
6. La tequilera
7. Ahora vengo a verte
8. Hacer el amor con otro
9. Homenaje a mi madre
10. *Where Did Our Love Go*
11. La papa sin catsup (versión norteña)
12. A escondidas (versión norteña)
13. Juro que nunca volveré (versión norteña)
14. Hacer el amor con otro (versión norteña)

DINASTÍA RIVERA VOL. 3 (2003)

1. Sin fortuna (cantado por Lupillo Rivera)
2. Una botella (cantado por Juan Rivera)
3. El malquerido (cantado por Gustavo Rivera)
4. El bato gacho (cantado por Jenni Rivera)
5. Vengo a verte (cantado por Lupillo Rivera)
6. Si las nubes (cantado por Juan Rivera)
7. El gavilán pollero (cantado por Gustavo Rivera)
8. Salúdame a la tuya (cantado por Jenni Rivera)
9. 20 Mujeres – en vivo (cantado por Lupillo Rivera)
10. El rebelde (cantado por Juan Rivera)
11. El primer tonto (cantado por Gustavo Rivera)
12. Otra herida más (cantado por Juan Rivera)
13. Los traficantes (cantado por Jenni Rivera)
14. Tu cabeza en mi hombro (cantado por Gustavo Rivera)
15. La Reina es el Rey (cantado por Jenni Rivera)
16. Sufriendo a solas (cantado por Lupillo Rivera)
17. Ando que me lleva (cantado por Juan Rivera)
18. Que vuelva conmigo (cantado por Gustavo Rivera)
19. Brincos dieras (cantado por Jenni Rivera)
20. México lindo y querido en vivo (cantado por Lupillo Rivera)

SIMPLEMENTE LA MEJOR (2004)

1. Querida socia
2. Las malandrinas
3. Se las voy a dar a otro
4. Cuando abras los ojos
5. Chicana jalisciense
6. Que me entierren con la banda
7. Se marchó
8. Mi vida loca
9. Tristeza pasajera (ilusión pasajera)
10. *Angel Baby*
11. Reina de reinas
12. La Chacalosa
13. Las mismas costumbres
14. Amiga si lo ves
15. Simplemente la mejor
16. Las mismas costumbres (versión norteña)
17. Amiga si lo ves (versión norteña)
18. Amiga si lo ves (versión pop)

PARRANDERA, REBELDE Y ATREVIDA (2005)

1. Parrandera, rebelde y atrevida
2. Qué me vas a dar
3. De contrabando
4. Brincos dieras
5. La mentada contestada
6. No vas a creer
7. Imbécil
8. No me pregunten por él
9. Qué se te olvidó
10. Jefa de jefas

11. Me siento libre
12. Cuando muere una dama (La Golondrina)

DINASTÍA RIVERA (2005)

1. El albañil (cantado por Lupillo Rivera)
2. El gallo de San Juan (cantado por Lupillo Rivera)
3. Cielo azul, cielo nublado (cantado por Lupillo Rivera)
4. Y ándale (cantado por Lupillo Rivera)
5. Mi despedida (cantado por Lupillo Rivera)
6. La papa sin catsup (cantado por Jenni Rivera)
7. Querida socia (cantado por Jenni Rivera)
8. Una noche me embriagué (cantado por Jenni Rivera)
9. Dame por muerto (cantado por Pedro Rivera)
10. Corrido de Chihuahua (cantado por Pedro Rivera)
11. El abandonado (cantado por Juan Rivera)
12. Mi último deseo (cantado por Juan Rivera)
13. Qué suerte la mía (cantado por Gustavo Rivera)
14. Anhelo (cantado por Gustavo Rivera)

Bonus track
Qué te ha dado esa mujer – en vivo, (cantado por Lupillo a dúo con Pedro)

EN VIVO DESDE HOLLYWOOD (2006)

1. Parrandera, rebelde y atrevida
2. La Chacalosa
3. Popurri: Reina de reinas/Rosita Alvirez/Mi vida loca
4. Las malandrinas
5. Popurri: Como tú decidas/Cuando yo quiera has de volver
6. Popurri: *Wasted Days & Wasted Nights*/Angel Baby
7. Chicana jalisciense
8. Se marchó

9. Se las voy a dar a otro
10. Cuando abras los ojos
11. El nopal
12. Popurri: A escondidas/Hacer el amor con otro

BESOS Y COPAS DESDE HOLLYWOOD (2006)

1. Por un amor/Cucurrucucú paloma
2. Juro que nunca volveré
3. Querida socia
4. Soy madre soltera
5. La tequilera
6. Homenaje a mi madre
7. Cuando yo quería ser grande
8. Las mismas costumbres
9. Amiga si lo ves
10. Qué se te olvidó
11. Qué me vas a dar

   Bonus tracks
12. Besos y copas
13. Mil heridas

MI VIDA LOCA (2007)

1. Intro: Escúchame
2. Mi vida loca 2
3. Intro: Mi primer amor
4. Ahora que estuviste lejos
5. Intro: *Look At Me Now*
6. Mírame
7. Intro: Nuestro padre
8. Sangre de indio
9. Intro: Qué bonito se siente

10. La sopa del bebe
11. Intro: La manutención
12. Cuánto te debo
13. Intro: Equivocada
14. *I Will Survive*
15. Intro: Mi madre y yo
16. Déjame vivir - Vicente Uvalle
17. Intro: Mis hermanos y yo
18. Hermano amigo
19. Intro: Yo era su reina
20. Dama divina
21. Intro: Pimienta y especies
22. Inolvidable
23. Intro: Madre y padre
24. Sin capitán
25. Intro: Metamorfosis
26. Mariposa de barrio
27. Gracias… mi GENTE

LA DIVA EN VIVO (2007)

1. Sufriendo a solas
2. Popurrí: Por un amor/Cucurrucucú paloma
3. La diferencia
4. Inocente pobre amiga
5. Paloma negra
6. Libro abierto
7. Me siento libre
8. Brincos dieras
9. Qué me vas a dar
10. De contrabando
11. La mentada contestada
12. Navidad sin ti

JENNI (2008)

1. Chuper amigos
2. Culpable o inocente (versión álbum)
3. Envuélvete
4. Tu camisa puesta
5. Ni me viene ni me va
6. Con él
7. Cuando me acuerdo de ti
8. Fraude
9. Trono caído
10. Vale la pena
11. La cama
12. Mudanzas
13. Culpable o inocente (versión pop)

LA GRAN SEÑORA (2009)

1. Yo soy una mujer
2. Por qué no le calas
3. Estaré contigo cuando triste estés (*Before The Next Teardrop Falls*) (versión original)
4. Déjame volver contigo
5. La cara bonita
6. Ya lo sé
7. Ni princesa ni esclava
8. No llega el olvido
9. Amaneciste conmigo (Sentirte en mi frío)
10. La escalera
11. La gran señora
12. Amarga Navidad
13. Estaré contigo cuando triste estés (*Before The Next Teardrop Falls*) (versión traducida)

JOYAS PRESTADAS (2011)

1. A cambio de qué
2. A que no le cuentas
3. Así fue
4. Basta ya
5. Como tu mujer
6. Detrás de mi ventana
7. Lo siento mi amor
8. Qué ganas de no verte nunca más
9. Resulta
10. Señora
11. Porque me gusta a morir

LA MISMA GRAN SEÑORA (2012)

1. La misma gran señora
2. Resulta
3. La gran señora
4. Ya lo sé
5. Por qué no le calas
6. Hermano amigo
7. Trono caído
8. Besos y copas
9. Por un amor, cucurrucucú paloma
10. Qué me vas a dar
11. No vas a creer
12. No me pregunten por él
13. Ovarios

Discard